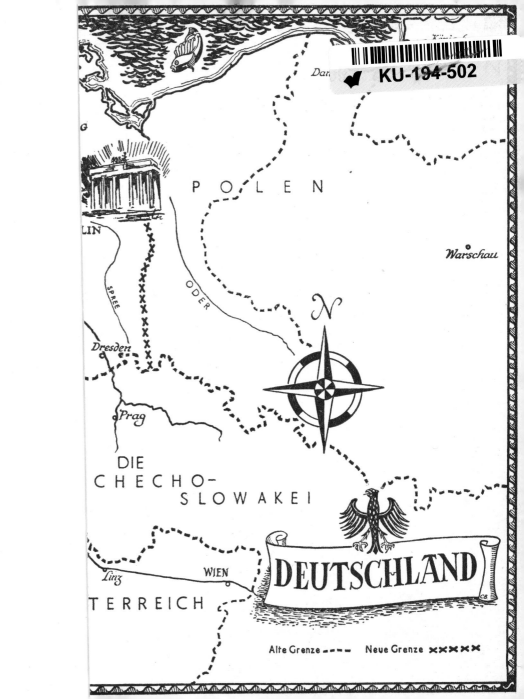

DAS SCHÖNE DEUTSCHLAND

ERSTER TEIL

DAS
SCHÖNE DEUTSCHLAND

ERSTER TEIL

BY

WALTER E. ANDERSON M.A.

LECTURER IN GERMAN
BRADFORD INSTITUTE OF TECHNOLOGY

NEW EDITION REVISED

GEORGE G. HARRAP & CO. LTD

LONDON   TORONTO   WELLINGTON   SYDNEY

First published in Great Britain 1955
by GEORGE G. HARRAP & CO. LTD
182 High Holborn, London, W.C.1

Reprinted : 1956 (*twice*) ; 1957 ; 1958

New Edition Revised 1960

Reprinted 1962

Composed in Baskerville type and printed by
William Clowes and Sons, Limited, London and Beccles

Made in Great Britain

PREFACE

For some time I have felt the need for a German Course catering specially for the needs of students in Continuation Schools of all types. In such institutions, more particularly where evening students are concerned, one of the main difficulties is the comparative shortness of the session. A period of about twenty-five weeks is not a very long time in which to cover the first part of any German Course. Furthermore, a large percentage of students fail for various reasons to return for a second year of evening study. Of those who do take a second year, very few continue for a third year. Consequently there is real need for a Course which they have a reasonable chance of completing in two years and which also provides most of the basic essentials in the first year. Hence my comparatively early introduction of the various tenses.

It is remarkable how many students take up German because they are planning to visit the country for a holiday. As a result I have endeavoured to deal, so far as the reading matter is concerned, with topics which the foreign visitor to Germany is going to face during his stay there, whether he be visiting friends or left to secure accommodation for himself. Matters such as hotel life, the Verkehrsamt and travel inevitably involve vocabulary and idiom of a more difficult type than one presents to the average schoolboy or schoolgirl beginner. To shelve difficulties of this type is, however, not the way to prepare oneself for dealing with them when they arise during one's stay in Germany. Germans, like all foreigners, have a bad habit of talking in their native idiom and using words not usually included in our school text-books. It is disconcerting for the poor Englishman visiting Western Germany for the first time to find it referred to as the Bundesstaat, when he always thought it was called Deutschland! It may be some consolation for him to remember that foreigners landing in England find themselves officially described as visitors to the United Kingdom.

It has been my experience with evening students in particular that much can be done to counter the difficulties of idiom by mere parrot learning. I am encouraged in this belief by the statement of many teachers that they find the idioms listed under the heading *Zum Lernen* of value in my Course *Aufenthalt in Deutschland.* Adult students often like to assimilate language in this way. At the same time, it has been my endeavour in the present Course to secure adequate balance between grammar and idiom, so that the student is never asked to venture into production of German, as distinct from mere reproduction, without knowing the why and the wherefore of what he is writing.

It is hoped that the Course will also prove of value to students possessing a useful knowledge of German from previous studies but who may wish to acquire the sort of vocabulary which will help them to face a trip to Germany with equanimity. (I am reminded in this connection of a former colleague who, after five years of French at school, on his first visit to France found himself obliged to wait, thirsty as he was, to see whether anyone came to drink from a tap marked *eau potable,* because he didn't like asking anyone what it meant and thus admitting his ignorance of a common expression.) For such students the Course might well be used as a revision course.

W. E. A.

1955

PREFACE TO THE REVISED EDITION

The additional lesson on motor vehicles and motoring has been included in response to urgent requests from users of the course. In compiling it, I have been greatly assisted by my friend Mr W. J. Edwards, Inspector of Technical Education to the Kent County Education Authority, whose knowledge of a variety of technical subjects is equalled only by his thorough knowledge of German and his vast experience of German conditions. I have to thank him for supplying a considerable proportion of the basic material for the reading passage and the conversation passage of the new Lesson.

W. E. A.

1960

CONTENTS

LESSON   PAGE

1. **Was ist Deutschland?**   11

Verbs—**sein** and **haben**—Present indicative of weak verbs

2. **Wie erreicht man Deutschland?**   17

The 3rd person pronoun, **er, sie, es**—Weak and strong verbs—3rd person singular strong verbs —Indefinite pronoun **man**—Inversion

3. **Im Zuge**   25

The accusative case, articles—Accusative pronouns—Prepositions governing the accusative

4. **Auf dem Kölner Hauptbahnhof**   31

Declension of **dieser, jener, jeder, welcher, mancher**—Declension of **kein** and the possessive adjectives—The modal auxiliary verbs

5. **Wiederholung**   39

6. **Das Verkehrsamt**   41

The dative case, indirect object—Prepositions governing the dative—Contractions of article and preposition—The dative pronouns—Order of objects

7. **Im Hotel**   48

Prepositions governing dative or accusative— Compounds formed from pronoun and preposition

8. **Auf der Post**   54

Separable verbs—Construction with **um . . . zu**

9. **Ein Besuch bei einem Freund**   61

Genitive case, possession—Genitive of nouns of weak declension—Prepositions governing genitive—Separable prefixes **hin** and **her**

10. **Wiederholung**   70

11. **Im Café**   73

Imperfect tense, weak verbs—Irregular weak verbs—Imperfect of **sein** and **haben**—Use of **pflegen**—Imperfect of modal auxiliaries

12. **Die deutsche Kost**   81

Classification of noun plurals—Declension of article and defining words in the plural—Cardinal numerals 1–100—Time of day

13. **Einkaufen**   91

Imperfect tense, strong verbs—Cardinal numerals beyond 100

14. **Ein Abend in der Familie**   99

Relative pronouns—Subordinate word order—**Was** as a relative pronoun after the antecedents **etwas, alles, nichts** and **das**—The familiar forms

15. **Wiederholung**   108

16. **Theater und Kino**   111

Perfect tense, strong and weak verbs—Position of past participle—Verbs conjugated with **sein** —Past participle of separable verbs

17. **Im Restaurant**   121

Declension of adjective after definite and indefinite articles in singular

18. **Im Park**   131

Future tense—Declension of adjective after article and defining words in the plural

19. **Bundesbahn und Strassenbahn**   139

Conjunctions and word order (Subordinating and coordinating conjunctions)—Punctuation —Translation of *when*—Ordinal numerals— Declension of adjective without article—Adjectival nouns

20. **Kraftfahrzeuge**   150

Further useful prepositions—**was** as relative pronoun with phrase or clause as antecedent.

21. **Wiederholung**   163

GRAMMATICAL APPENDIX   167

GERMAN–ENGLISH VOCABULARY   174

ENGLISH–GERMAN VOCABULARY   193

ILLUSTRATIONS

Bonn : Bundeshaus   *page* 32

Bonn : Marktplatz und Rathaus   33
       Beethovens Geburtshaus

Düsseldorf : Benrather Schloss   48

Köln : Blick von der Reichardterrasse auf den Dom   49

Hamburg : Freihafen   96

Hamburg : Innere Stadt   97
       Binnenalster mit Jung fernstieg

Bremen : Böttcherstrasse   112

Rhens am Rhein : Rathaus mit offener Halle am Marktplatz   113

*The photographs are reproduced by courtesy of the
German Tourist Information Bureau*

WAS IST DEUTSCHLAND?

Deutschland ist ein Staat in Westeuropa. Wir reden aber heute von Deutschland und meinen damit Westdeutschland, denn Ostdeutschland ist ein Staat für sich und hat eine eigene Regierung.

Neun Länder bilden die westdeutsche Bundesrepublik. Die Bundeshauptstadt ist Bonn am Rhein, denn die Bundesregierung ist da. Jedes Land hat eine Hauptstadt. Bonn liegt in Nordrhein-Westfalen, aber die Hauptstadt von Nordrhein-Westfalen ist nicht Bonn, sondern Düsseldorf. Viele Leute besuchen täglich das Bundeshaus in Bonn, denn das Bundeshaus ist sehr schön und auch sehr interessant.

VOKABELN

die **Lektion,** lesson
der **Staat,** state
    Westeuropa, Western Europe
    Ostdeutschland, Eastern Germany
das **Land,** country, state
die **Bundesrepublik,** Federal Republic
die **Hauptstadt,** capital

der **Rhein,** Rhine
das **Bundeshaus,** House of the Federal Parliament

Deutschland, Germany
Europa, Europe
Westdeutschland, Western Germany
die **Regierung,** government

die **Länder,** countries
die **Bundesregierung,** Federal Government
    Nordrhein-Westfalen, North Rhine-Westphalia
die **Leute,** people

was, what
von, of, from
deutsch, German

aber, but, however
viele, many
schön, beautiful

wir, we
denn, for (because)
westdeutsch, West German
nicht, not
täglich, daily
auch, also

heute, to-day
neun, nine
da, there

sondern, but
sehr, very
interessant, interesting

ist, is	**hat,** has	**reden,** to talk
meinen, to mean, to think	**bilden,** to form	**liegt,** lies, is situated
besuchen, to visit		

ZUM LERNEN

Wir meinen damit West- deutschland.	We mean by that Western Germany.
ein Staat für sich	a separate state
eine eigene Regierung	a government of its own
am Rhein	on the Rhine
nicht **Bonn** *sondern* **Düssel- dorf**	*not* Bonn *but* Düsseldorf
jedes Land	every country

GRAMMATIK

1. *The Article*

German nouns are of three genders and the definite (*the*) and indefinite (*a*) articles are as follows:

Masculine	*Feminine*	*Neuter*
der	**die**	**das**
ein	**eine**	**ein**

The only safe procedure, especially for beginners, is to learn the article in each instance along with the noun.

2. *Verbs*

(*a*) The verbs **sein** (*to be*) and **haben** (*to have*) are irregular and must be learned by heart:

sein (*to be*) Present tense		**haben** (*to have*) Present tense	
ich bin	I am	**ich habe**	I have
Sie sind	you are (*singular*)	**Sie haben**	you have (*singular*)
er ist	he is	**er hat**	he has
sie ist	she is	**sie hat**	she has
wir sind	we are	**wir haben**	we have
Sie sind	you are (*plural*)	**Sie haben**	you have (*plural*)
sie sind	they are	**sie haben**	they have

(*b*) Most other verbs are regular in the present tense and are formed from the stem of the infinitive, which is obtained by knocking off the final **en** of the infinitive. Those stems ending in **d** or **t** as in the verbs **reden** and **bilden** require **et** to be added in the 3rd person singular:

reden (*to talk*) Present tense		**besuchen** (*to visit*) Present tense	
ich red**e**	I talk	ich besuch**e**	I visit
Sie red**en**	you talk	Sie besuch**en**	you visit
er red**et**	he talks	er besuch**t**	he visits
sie red**et**	she talks	sie besuch**t**	she visits
wir red**en**	we talk	wir besuch**en**	we visit
Sie red**en**	you talk	Sie besuch**en**	you visit
sie red**en**	they talk	sie besuch**en**	they visit

It must be remembered that the one form of the present tense expresses each of the three English forms *I talk, am talking, do talk*. There are not three forms of the present tense as in English.

The interrogative is formed by inversion.

> *e.g.* **rede ich?**   am I talking, do I talk?

The negative is formed by the addition of **nicht**.

> *e.g.* **er redet nicht**   he does not talk, is not talking
> **reden Sie nicht?**   aren't you talking, don't you talk?

The imperative is similar to the interrogative, *e.g.* **Reden Sie!**

EIN GESPRÄCH

Der Deutsche: Guten Tag.

Der Engländer: Guten Tag.   Sind Sie aus Deutschland?

Der Deutsche: Ja, ich bin vom Rhein.   Ich wohne in Bad Godesberg und arbeite in Bonn.

Der Engländer: Warum wohnen Sie nicht in Bonn?

Der Deutsche: Ich suche schon lange eine Wohnung in Bonn aber ohne Erfolg.

Der Engländer: Ist Bonn sehr schön?

DER DEUTSCHE: Ja, die Stadt selbst ist ganz schön, aber die Rheinpromenade ist besonders schön. Kommen Sie auch einmal nach Deutschland?

DER ENGLÄNDER: Ich hoffe sehr. Vielleicht nächstes Jahr.

DER DEUTSCHE: Ich sehe Sie dann hoffentlich in Godesberg oder Bonn. Hier ist meine Adresse.

DER ENGLÄNDER: Das ist sehr freundlich. Danke schön. Besuchen Sie mich auch einmal! Vielleicht morgen? Hier ist meine Karte.

DER DEUTSCHE: Vielen Dank auch. Ich komme bestimmt morgen. Auf Wiedersehen.

DER ENGLÄNDER: Auf Wiedersehen.

VOKABELN

der **Tag,** day	die **Wohnung,** flat, dwelling
der **Erfolg,** success	die **Stadt,** town
die **Promenade,** promenade	das **Jahr,** year
die **Adresse,** address	die **Karte,** card
der **Engländer,** Englishman	der **Deutsche,** German
der **Dank,** thanks	

gut, good	**schon,** already	**lange,** a long time
warum, why	**ohne,** without	**ganz,** quite
selbst, itself	**ja,** yes	ⅹ **besonders,** especially
vielleicht, perhaps	**nach,** after, to	**dann,** then
hoffentlich, it is to be hoped	**freundlich,** kind	**mich,** me
einmal, once, some time	**morgen,** to-morrow	**hier,** here
ⅹ **bestimmt,** certainly, definitely	**aus,** out of, from	**oder,** or
wohnen, to live, to dwell	**arbeiten,** to work	**suchen,** to seek
kommen, to come	**hoffen,** to hope	**sehen,** to see

ZUM LERNEN

Guten Tag.	Good day.
vom Rhein	from the Rhine
schon lange	for a long time already
Ich hoffe sehr.	I very much hope to.

nächstes Jahr	next year
meine Adresse	my address
Danke schön.	Thank you.
Vielen Dank	Thank you very much, many thanks.
Auf Wiedersehen.	Good-bye (*au revoir*).

AUFGABEN

1. Beantworten Sie folgende Fragen:*
   (1) Was ist Deutschland? (2) Was hat Ostdeutschland? (3) Was ist Bonn? (4) Wo liegt Bonn? (5) Was ist Düsseldorf? (6) Was hat jedes Land? (7) Was besuchen viele Leute täglich? (8) Was ist schön und interessant? (9) Wer ist aus Deutschland? (10) Wo wohnt der Deutsche? (11) Wo arbeitet er? (12) Ist Bonn schön? (13) Was ist besonders schön? (14) Wann kommt der Engländer vielleicht nach Deutschland? (15) Wo wohnen Sie? (16) Wo arbeiten Sie? (17) Was ist London? (18) Wo liegt Bad Godesberg?

   * **was,** what   **wo,** where   **wer,** who   **wann,** when

2. Ergänzen Sie:
   (1) D— Bundesstaat hat ei— Hauptstadt.
   (2) Wir reden — Westdeutschland.
   (3) Viele — besuchen d— Bundeshaus — Bonn.
   (4) — ist d— Hauptstadt von Nordrhein-Westfalen.
   (5) Haben Sie ei— Wohnung?
   (6) Ostdeutschland ist ei— Staat — sich.
   (7) Wir suchen schon — ein Haus.
   (8) Ich komme — heute.
   (9) Ich sehe Sie — in Deutschland.
   (10) D— Rheinpromenade ist — schön.

3. Ergänzen Sie durch ein passendes Verbum:
   (1) Bonn — am Rhein.
   (2) — Sie in London?
   (3) Ich — von London.
   (4) Er — in Düsseldorf.
   (5) Warum — der Deutsche in Godesberg?
   (6) — Sie mich heute?
   (7) Er — von Westdeutschland und — damit Nordrhein-Westfalen.
   (8) Der Engländer — ein Haus in London.
   (9) Wir — Sie täglich in London.
   (10) Er — in Bonn, aber er — in Godesberg.

4. Übersetzen Sie:

I live here but I work in Bonn. He works there too. Many people live and work in Bonn, for the Government of Western Germany is there. Karl is visiting me to-day and we are talking about Germany. He talks also about England, for he lives there, but he is working in Western Germany.

Bonn is the capital of Western Germany. Bonn is very beautiful and very interesting. Many people are coming next year. Many people visit the town daily.

WIE ERREICHT MAN DEUTSCHLAND?

Um Deutschland zu erreichen, fährt man von England über Holland oder über Belgien. Von London fährt man mit dem Zug nach Dover und von dort mit dem Dampfer nach Ostende, oder man fährt nach Harwich und dann mit dem Dampfer nach Hoek von Holland. Ein Dampfer fährt auch von Hull nach Bremen und nach Hamburg. Auch fliegen viele Leute von London oder Manchester, aber das kostet etwas mehr, und man sieht nicht viel unterwegs.

Die Überfahrt von Dover nach Ostende dauert über drei Stunden. Manchmal ist die See ruhig und manchmal ist sie stürmisch. Von Ostende braucht der Zug etwa sechs Stunden nach Köln am Rhein. Er fährt über Brügge, Brüssel und Lüttich. In Hergenrath erreicht man die Grenze. Die deutsche Passkontrolle und Zollrevision ist gewöhnlich in Aachen. Manchmal hat der Zug Verspätung und wartet deswegen nicht lange in Aachen. Dann hat man die Zollrevision und Passkontrolle unterwegs zwischen Aachen und Köln. Geld wechselt man auch unterwegs im Zuge, oder man wechselt es in Köln auf dem Bahnhof.

VOKABELN

der **Zug,** train
die **Überfahrt,** crossing
die **Grenze,** frontier
die **Kontrolle,** inspection, check
die **Zollrevision,** customs inspection
das **Geld,** money

der **Dampfer,** steamer
die **Stunde,** hour
der **Pass,** passport
der **Zoll,** customs duty
die **Verspätung,** delay, lateness
der **Bahnhof,** station

Holland, Holland
Ostende, Ostend

Belgien, Belgium
Hoek von Holland, Hook of Holland

Köln, Cologne
Brüssel, Brussels
Aachen, Aix-la-Chapelle

Brügge, Bruges
Lüttich, Liège

D.S.D.—B

erreichen, to reach
fliegen, to fly
dauern, to last

warten, to wait

um ... zu, in order to
das, that
mehr, more
unterwegs, on the way, en route
manchmal, sometimes
stürmisch, stormy
sechs, six
deswegen, therefore, consequently

fahren (er fährt), to travel
kosten, to cost
brauchen, to need, to take (time)
wechseln, to change

über, via, over
dort, there
etwas, something, somewhat
viel, much
drei, three

ruhig, calm, quiet
etwa, about, approximately
gewöhnlich, usually
zwischen, between

ZUM LERNEN

um Deutschland zu erreichen	in order to reach Germany
mit dem Zug	by train
mit dem Dampfer	by steamer
etwas mehr	rather more
über drei Stunden	over three hours
der Zug hat Verspätung	the train is late
auf dem Bahnhof	in the station
im Zuge	on the train

GRAMMATIK

1. *The 3rd Person Pronoun*

In German the pronoun *it* must always be of corresponding gender to the noun it represents:

Masculine	*Feminine*	*Neuter*
er	**sie**	**es**

e.g. **Der Zug kommt, aber *er* hat Verspätung.**
     Die Überfahrt ist schön, aber *sie* ist stürmisch.
     Ich wechsele Geld, denn ich brauche *es*.

2. *Weak and Strong Verbs*

German verbs, like English verbs, fall into two main classes, weak and strong. Whereas weak verbs form their present tense without peculiarity as already learned, strong verbs often change the stem vowel in the 3rd person singular. Such peculiarities should always be carefully noted and learned.

e.g. **fahren   er fährt**
sehen   er sieht

3. The indefinite pronoun **man** (*one*) is used much more frequently in German than the corresponding English form *one*. It is an additional form of the 3rd person singular and governs the same verb form as **er, sie** and **es**.

4. *Inversion*

In a simple sentence the verb must always be the second *idea*, though not necessarily the second *word*. When the sentence begins with some idea other than the subject—*e.g.* an adverb, adverbial phrase or the object—inversion of subject and verb takes place.

Man fährt über Holland, um Deutschland zu erreichen.
but **Um Deutschland zu erreichen, fährt man über Holland.**

Die See ist manchmal stürmisch.
but **Manchmal ist die See stürmisch.**

Ich habe Geld.
but **Geld habe ich.**

EIN GESPRÄCH

JONES: Guten Morgen, Herr Schmidt.   Kommen Sie bitte herein!   Wie geht es Ihnen?

SCHMIDT: Danke, gut.   Hoffentlich komme ich nicht zu früh.

JONES: Nein, durchaus nicht.   Legen Sie bitte ab!

SCHMIDT: Danke sehr.

JONES: Nehmen Sie bitte Platz!   Rauchen Sie?   Nehmen Sie eine Zigarette!

SCHMIDT: Vielen Dank.   Feuer habe ich leider nicht.   Danke schön.

JONES: Wie lange sind Sie schon in England?

SCHMIDT: Schon drei Wochen.   Ich bleibe bis nächste Woche, und dann fahre ich nach Hause.

JONES: Fahren Sie über Holland?

SCHMIDT: Nein, ich fahre über Belgien. Das ist nämlich nicht so teuer.

JONES: Wie lange dauert die Überfahrt?

SCHMIDT: Nur dreieinhalb Stunden. Das ist sehr bequem. Von Ostende fahre ich nur sechs Stunden bis Köln, und dann bin ich bald zu Hause.

JONES: Das ist wirklich bequem. Was nehmen Sie mit nach Hause? Kaffee natürlich! In Deutschland ist er so teuer.

SCHMIDT: Ich nehme nur ein Pfund mit. In Aachen kommt der Zollbeamte in das Abteil und fragt: „Haben Sie etwas zu verzollen? Wieviel Kaffee haben Sie? Sie bekommen nur ein Pfund zollfrei."

JONES: Ist die Kontrolle denn so scharf?

SCHMIDT: Ja, leider! Der Zug hat aber manchmal Verspätung, und dann ist es nicht so schlimm.

JONES: Und die Passkontrolle?

SCHMIDT: Das ist ganz einfach. Der Beamte ist sehr höflich. Er sagt „Guten Morgen [oder Guten Abend], deutsche Passkontrolle. Wieviel Geld haben Sie?" Man antwortet, zum Beispiel, „Fünfzig D-Mark, zwanzig Pfund Reiseschecks," und das ist alles. Das ist nicht sehr kompliziert.

JONES: Das ist alles sehr interessant, denn ich fahre auch nächstes Jahr nach Deutschland.

SCHMIDT: Schön! Ich sehe Sie dann in Bonn. Man sieht viele Engländer am Rhein. Nun, bis dahin alles Gute! Auf Wiedersehen!

JONES: Auf Wiedersehen und gute Reise!

VOKABELN

der **Platz,** seat
die **Zigarette,** cigarette
das **Feuer,** a light, fire
die **Woche,** week
der **Kaffee,** coffee
das **Pfund,** pound
der **Morgen,** morning
der **Zollbeamte,** customs official

das **Abteil,** compartment
das **Beispiel,** example
die **D-Mark (deutsche Mark),** German mark
der **Reisescheck** (*Plural* **-s**), traveller's cheque
der **Abend,** evening
die **Reise,** journey

bitte, please
früh, early
nein, no
leider, unfortunately
wie, how
bis, until, as far as
nämlich, namely
teuer, dear, expensive
nur, only
dreieinhalb, three and a half
bequem, comfortable, convenient
bald, soon

wirklich, really
natürlich, of course
wieviel, how much
zollfrei, duty free
scharf, keen, strict, sharp
schlimm, bad
einfach, simple
höflich, polite
fünfzig, fifty
zwanzig, twenty
alles, all, everything
kompliziert, complicated
nun, now, well

gehen, to go
bleiben, to remain, to stay
bekommen, to get, to obtain
antworten, to answer
rauchen, to smoke

nehmen (er nimmt), to take
fragen, to ask
sagen, to say
verzollen, to pay duty on

ZUM LERNEN

Guten Morgen.	Good morning.
Kommen Sie bitte herein!	Please come in.
Wie geht es Ihnen?	How are you?
zu früh	too early
durchaus nicht	not at all
Legen Sie bitte ab!	Please take off your coat.
Danke sehr.	Thank you very much.
Haben Sie bitte Feuer?	Have you a light please?
Feuer habe ich leider nicht.	I'm sorry I haven't a light.
Nehmen Sie bitte Platz!	Please take a seat.
Wie lange sind Sie schon in England?	How long have you been in England now?
nächste Woche	next week
Das ist nämlich nicht so teuer.	You see, that is not so expensive.
Ich bin zu Hause.	I am at home.
Ich gehe nach Hause.	I am going home.
Was nehmen Sie mit?	What are you taking with you?
Ich nehme ein Pfund Kaffee mit.	I am taking a pound of coffee with me.
Haben Sie etwas zu verzollen?	Have you anything to declare?

zum Beispiel	for example
Bis dahin alles Gute!	Until then, all the best!
Gute Reise!	A pleasant journey!

AUFGABEN

1. Beantworten Sie folgende Fragen:

(1) Was fährt von Harwich nach Hoek von Holland? (2) Wie fahren viele Leute nach Deutschland? (3) Wie lange dauert die Überfahrt von Dover nach Ostende? (4) Wie ist die See manchmal? (5) Wie lange braucht der Zug von Ostende bis Köln? (6) Wo erreicht man die Grenze? (7) Was ist in Aachen? (8) Warum wartet der Zug manchmal nicht lange in Aachen? (9) Wo hat man dann die Passkontrolle und Zollrevision? (10) Was wechselt man unterwegs oder in Köln? (11) Wie geht es Ihnen? (12) Kommen Sie manchmal zu früh? (13) Rauchen Sie? (14) Was ist in Deutschland teuer? (15) Was fragt der Zollbeamte? (16) Wie ist der Passbeamte? (17) Was fragt er? (18) Fahren Sie nächstes Jahr nach Deutschland? (19) Wo sieht man viele Engländer? (20) Wo liegt Aachen?

2. Ergänzen Sie:

(1) Wir wechseln d— Geld — dem Bahnhof.
(2) Fahren Sie mit d— Dampfer oder mit dem —?
(3) Um d— Hauptstadt — erreichen, fährt man drei Stunden.
(4) Bald erreichen wir d— Grenze, aber wir warten nicht —.
(5) Nehmen Sie ei— Zigarette!
(6) Bleiben Sie bis — Woche?
(7) D— See ist nicht sehr stürmisch.
(8) Ich habe nur ei— Pfund Kaffee.
(9) Bonn liegt — Rhein.
(10) — Wiedersehen und — Gute!

3. Übersetzen Sie:

(1) How are you? (2) Have you money? (3) He has a cigarette. (4) I don't smoke. (5) The train comes too early. (6) We are late. (7) Please take a seat. (8) The sea is very calm. (9) Where is the frontier? (10) He is changing money on the train. (11) The crossing lasts over three hours. (12) I am not waiting long. (13) It costs rather more. (14) Do you need money? (15) That is all very interesting. (16) Are you going next year to Germany? (17) How much money have you? (18) The journey costs 50 marks. (19) He sees me sometimes. (20) What does she say?

4. Geben Sie die richtige Form des Verbs:

(1) [Sein] Sie heute zu Hause? (2) Der Zollbeamte [antworten] nicht. (3) Bald [erreichen] der Zug die Grenze. (4) Warum [warten] sie nicht? (5) Ich [wechseln] das Geld. (6) Nächstes Jahr [fliegen] wir nach Deutschland. (7) Was [sehen] man unterwegs? (8) Warum [fahren] er nicht heute? (9) Was [kosten] die Reise? (10) Wie lange [bleiben] Sie hier? (11) Er [nehmen] eine Zigarette. (12) Wann [gehen] der Engländer nach Köln? (13) Er [bekommen] drei Pfund. (14) Manchmal [besuchen] Herr Schmidt mich auch. (15) [Nehmen] Sie Platz! (16) Feuer [haben] ich nicht. (17) [Fragen] Sie mich nicht! (18) Wie lange [dauern] die Überfahrt? (19) Ich [kommen] auch bald. (20) Herr Schmidt [brauchen] es nicht.

5. Beginnen Sie mit den unterstrichenen Wörtern:

(1) Ich warte sehr lange, um nicht zu früh zu kommen.
(2) Ich rauche heute nicht.
(3) Er fährt manchmal nach Deutschland.
(4) Ich nehme manchmal auch Kaffee mit.
(5) Wir bleiben bis nächste Woche.
(6) Sie fahren auch über Holland.
(7) Der Kaffee ist in Deutschland sehr teuer.
(8) Das ist nicht sehr bequem.
(9) Ich warte deswegen nicht lange.
(10) Wir sehen nicht viel unterwegs.

6 Bilden Sie Sätze (*sentences*) mit um . . . zu:

Beispiel: Ich nehme eine Zigarette. Ich rauche sie.
Ich nehme eine Zigarette, *um* sie *zu* rauchen.

(1) Ich bleibe heute zu Hause. Ich arbeite dort.
(2) Ich fahre nach Deutschland. Ich besuche Herrn Schmidt.
(3) Ich warte auf dem Bahnhof. Ich wechsele Geld.
(4) Ich komme nach London. Ich sehe Sie dort.
(5) Der Zollbeamte kommt in das Abteil. Er fragt mich etwas.

7. Übersetzen Sie:

"Good morning, Mr Smith. How are you?"
"Very well, thank you."
"Are you going to Germany to-morrow?"
"No, I am staying a week in London, and then I am going to Cologne."
"Do you live in Cologne?"

"No, I live in Bonn, but I am travelling via Ostend to Cologne and then by train from there to Bonn."

"How long does the train take from Cologne to Bonn?"

"About an hour.   Sometimes not so long."

"Well, a pleasant journey and all the best!"

8. Übersetzen Sie:

Next week I am going by steamer from Hull to Bremen.   It is to be hoped the sea is calm, for sometimes the crossing is very rough. Then the steamer is late.   Sometimes I go via Dover and Ostend, for the crossing lasts only three and a half hours and that is really convenient.   The customs inspection and the passport inspection are not very bad.   The official is very polite and says "Good morning" or "Good evening."   Many Englishmen go to Germany.   On the Rhine I sometimes see people from London.   It is really very interesting.

LEKTION DREI

IM ZUGE

Ach! Wie schön! Endlich sitzen wir wieder. Der Zug ist genau so voll wie der Dampfer, aber diesmal haben wir alle einen Sitzplatz. Der Zug fährt schnell, und wir kommen bald nach Brüssel. Das Abteil ist sehr bequem, denn die zweite Klasse ist schön gepolstert. Eine Holzbank ist nichts für mich. Ich fahre auch gern ohne Gepäck, aber ich brauche mindestens e i n e n Koffer. Ohne einen Koffer fahre ich also nie.

Da sehe ich einen Kellner. So! Der Zug hat einen Speise-wagen! Was sagt der Kellner? „Bitte, Platz nehmen zum Mittagessen!" Schön! Jetzt essen wir. Ich habe nämlich Hunger und Durst.

Jetzt ist es nicht mehr weit bis Aachen. Man liest ein Buch oder die Zeitung, raucht, schläft oder sieht durch das Fenster, und die Zeit vergeht sehr schnell. Der Zug hält. Das ist schon die Grenze. Jetzt haben wir die Passkontrolle und dann die Zollrevision, und dann fahren wir weiter. Das dauert aber heute sehr lange. Viele Leute haben etwas zu verzollen. Ich habe nichts gegen einen Aufenthalt von zehn Minuten, aber der Zug steht beinahe eine halbe Stunde.

Endlich kommen wir nach Köln. Man sieht schon den Dom. Wie herrlich! Wir sind endlich da. Ich glaube, wir sind alle froh, denn wir sind wirklich müde.

VOKABELN

der **Dampfer,** steamer	der **Sitzplatz,** seat
die **Klasse,** class	die **Holzbank,** wooden seat, bench
das **Gepäck,** luggage	der **Koffer,** suitcase
der **Kellner,** waiter	der **Speisewagen,** dining-car
das **Mittagessen,** lunch	der **Hunger,** hunger
der **Durst,** thirst	das **Buch,** book
die **Zeitung,** newspaper	das **Fenster,** window
die **Zeit,** time	der **Aufenthalt,** stay, halt
die **Minute** (*Plural:* **Minuten**), minute	der **Dom,** cathedral

endlich, at last, finally
genau, exactly, just
diesmal, this time
schnell, quickly
nichts, nothing
gern, gladly
also, so, therefore
weit, far
gegen, against
beinahe, almost, nearly
jetzt, now

froh, glad

sitzen, to sit
schlafen (er schläft), to sleep
halten (er hält), to stop, to hold
glauben, to believe

wieder, again
voll, full
alle, all
gepolstert, upholstered
für, for
mindestens, at least
nie, never
weiter, farther
zehn, ten
herrlich, glorious, fine, magnificent
müde, tired
durch, through

essen (er isst), to eat
vergehen, to pass, to go (of time)
stehen, to stand

ZUM LERNEN

Der Zug ist genau so voll wie der Dampfer.	The train is just as full as the steamer.
die zweite Klasse	the second class
Ich fahre gern ohne Gepäck.	I like to travel without luggage.
Bitte, Platz nehmen zum Mittagessen!	Please take your seats for lunch!
Ich habe Hunger und Durst.	I am hungry and thirsty.
Wir fahren weiter.	We continue our journey.
eine halbe Stunde	half an hour

GRAMMATIK

1. The Accusative Case

The direct object is expressed in the accusative case, but as compared with the nominative case the definite and indefinite articles change in the masculine only. With a few exceptions the noun itself is not affected.

	Masculine		Feminine		Neuter	
Nom:	**der**	Dom	**die**	Grenze	**das**	Fenster
	ein	Dom	**eine**	Grenze	**ein**	Fenster
Acc.	**den**	Dom	**die**	Grenze	**das**	Fenster
	einen	Dom	**eine**	Grenze	**ein**	Fenster

e.g. *Der* **Dom ist herrlich** *but* **Ich sehe *den* Dom**
Hier ist *ein* Dom *but* **Köln hat *einen* Dom**

2. The following lists of the nominative and accusative forms of the pronoun should be carefully memorised:

		Nominative		*Accusative*	
Sing:	1.	**ich** I	**mich**	me	
	2.	**Sie** you	**Sie**	you	
	3.	**er** he, it	**ihn**	him, it	
		sie she, it	**sie**	her, it	
		es it	**es**	it	
Plur:	1.	**wir** we	**uns**	us	
	2.	**Sie** you	**Sie**	you	
	3.	**sie** they	**sie**	them	

3. The following prepositions always govern the noun or pronoun in the accusative case. Basic or literal meanings only are given. It will be found with experience that prepositions are often used idiomatically.

durch	through	**wider**	against
für	for	**ohne**	without
gegen	against	**um**	round

e.g. **für einen Engländer** for an Englishman
ohne den Pass without the passport
gegen mich against me

EIN GESPRÄCH

DER PASSBEAMTE: Guten Morgen. Deutsche Passkontrolle!

ERSTER ENGLÄNDER: Wo habe ich denn meinen Pass? Ach so, hier ist er!

DER PASSBEAMTE: Danke schön. Er ist in Ordnung. Wieviel Geld haben Sie bei sich?

ERSTER ENGLÄNDER: Vierzig Pfund Reiseschecks, drei Pfundnoten und vierzig D-Mark.

DER PASSBEAMTE: Sonst nichts? Vielen Dank.

DER ZOLLBEAMTE: Hat hier jemand etwas zu verzollen? (*Niemand antwortet.*) Wieviel Kaffee haben Sie mit?

ZWEITER ENGLÄNDER: Nur ein Pfund. Das ist für meine Frau und mich zusammen.

DER ZOLLBEAMTE: Ist das Ihr Koffer?

ZWEITER ENGLÄNDER: Ja, aber ich habe nur Kleider mit. (*Er öffnet den Koffer.*)

DER ZOLLBEAMTE: Danke schön. Guten Morgen.

ERSTER ENGLÄNDER: Das geht aber schnell.

ZWEITER ENGLÄNDER: Ja, das ist alles nicht so schlimm. Viel Zeit haben sie nicht, denn sie gehen durch den ganzen Zug.

ERSTER ENGLÄNDER: Man hat manchmal wirklich Glück. Ich habe nämlich zwei Pfund Kaffee. Ich denke: „Mich fragt er bestimmt, und das kostet dann ein paar Mark Zoll." Ich Dummkopf! Das nächste Mal nehme ich mehr mit.

ZWEITER ENGLÄNDER: Tun Sie das nicht! Man hat manchmal auch Pech. Das nächste Mal hat der Beamte vielleicht mehr Zeit für uns.

ERSTER ENGLÄNDER: Ja, da haben Sie wohl recht. Ehrlich währt am längsten.

VOKABELN

die **Ordnung,** order

die **Frau,** wife, woman
das **Glück,** luck, good fortune
das **Mal,** time (occasion)

öffnen, to open
tun, to do

vierzig, forty
jemand, somebody, anybody
zusammen, together
recht, right
am längsten, longest

die **Pfundnote** (*Plural:* **Pfundnoten**), pound note
die **Kleider** (*Plural*), clothes
der **Dummkopf,** fathead
das **Pech** (*slang*), bad luck

denken, to think
währen, to last, to endure

sonst, otherwise, else
niemand, nobody
wohl, probably, well
ehrlich, honest

ZUM LERNEN

Wo habe ich denn meinen Pass?	Wherever have I put my passport?
Wieviel Geld haben Sie bei sich?	How much money have you with you?
sonst nichts	nothing else
Das geht aber schnell!	That's soon over; that doesn't take long.

Er hat Glück.	He is lucky.
Er hat Pech.	He is unlucky. (*Slang.*)
Da haben Sie wohl recht.	You are probably right.
Ehrlich währt am längsten.	Honesty is the best policy.
	(*Literally:* Honest endures longest.)

AUFGABEN

1. Beantworten Sie folgende Fragen:

(1) Sitzen Sie oder stehen Sie? (2) Sitzen Sie bequem? (3) Wie ist in Deutschland die zweite Klasse im Zuge? (4) Wieviele Koffer brauchen Sie für eine Reise nach Deutschland? (5) Fahren Sie manchmal ohne Gepäck? (6) Was hat der Zug? (7) Was sagt der Kellner? (8) Was liest man im Zuge? (9) Was sieht man in Köln? (10) Was verzollt man? (11) Haben Sie manchmal Glück. (12) Was hat man auch manchmal?

2. Ergänzen Sie:

(1) Ich habe nur ei— Pfund Kaffee. (2) Haben Sie ei— Pass? (3) Herr Schmidt liest ei— Buch oder ei— Zeitung. (4) Er öffnet d— Koffer. (5) Ich rauche ei— Zigarette. (6) Ich sehe d— Kellner und sage „Gut— Morgen." (7) Er geht durch d— Zug. (8) Ich sehe durch d— Fenster. (9) Sie hat nichts für d— Reise. (10) Er kommt ohne d— Kellner. (11) Was haben Sie gegen d— Regierung? (12) Westdeutschland ist ei— Bundesstaat. (13) Fragen Sie d— Kellner! (14) Wann sind Sie — Hause? (15) Gehen Sie jetzt — Hause?

3. Geben Sie die richtige Form des Verbs:

(1) Das [glauben] ich nicht. (2) Wann [fahren] der Zug weiter? (3) Herr Schmidt [schlafen] nicht lange. (4) Warum [tun] der Kellner nichts? (5) Der Beamte [öffnen] das Fenster. (6) Manchmal [denken] Sie nicht. (7) Herr Schmidt [essen] im Zug, aber ich [essen] auf dem Bahnhof. (8) Wo [halten] der Zug? (9) Er [sitzen] nicht sehr bequem. (10) [Tun] Sie nichts gegen ihn!

4. Übersetzen Sie:

For us; against them; through the flat; without the suit-case; round the steamer; he sees me; do you see him? do you need her? I am looking for (*i.e.*, seeking) you; we visit them sometimes.

5. Bilden Sie Sätze mit *um . . . zu:*

(1) Viele Leute kommen. Sie verzollen Kaffee.

(2) Ich fahre nach Köln. Ich sehe den Dom.
(3) Er sucht den Speisewagen. Er isst dort.
(4) Suchen Sie eine Wohnung? Wohnen Sie dort?
(5) Ich öffne die Zeitung. Ich lese sie.

6. Beginnen Sie mit den unterstrichenen Wörtern:

(1) Ich fahre nie ohne einen Koffer.
(2) Wir sitzen endlich wieder.
(3) Ich habe nichts zu verzollen.
(4) Wir haben nichts gegen einen Aufenthalt von zehn Minuten.
(5) Ich brauche eine Zigarette, um zu rauchen.
(6) Ich fahre nie über Ostende.

7. Übersetzen Sie:

(1) Has the train a dining car? (2) Why is the train so full?
(3) I like to travel to Germany. (4) Are you hungry? (5) Is
it far to Cologne? (6) I have nothing to declare. (7) Do you
see the Cathedral? (8) Are you very tired? (9) He has
nothing against us. (10) Next time I am taking coffee with me.
(11) We have not much time. (12) Don't do that. (13) Why
does nobody answer? (14) Does the train stop here? (15) I
have nothing else. (16) How much coffee have you with you?
(17) Have you time for me? (18) The second class is very
comfortable. (19) Now we are continuing our journey. (20) Is
he reading a newspaper or a book?

8. Übersetzen Sie:

Now we are sitting in the train. I have not much luggage, but I
need at least one suit-case, for I am going to Cologne. The train has
a dining-car, and I am very glad, for I am hungry and thirsty. The
customs inspection takes a long time to-day, for many people have
something to declare. I am not reading. In order to read, one
needs a book or a newspaper. At last we are approaching Cologne.
I already see the Cathedral. I am very glad, for I am really tired.

AUF DEM KÖLNER BAHNHOF

Auf dem Hauptbahnhof in Köln ist immer viel Betrieb, denn dieser Bahnhof ist ein Knotenpunkt und Züge kommen und gehen den ganzen Tag zwischen Norden und Süden und Westen und Osten. Links vom Eingang steht die Wechselstube, und daneben ist die Buchhandlung. Da kann man allerlei Bücher und Zeitungen kaufen. Überall sind Fahrpläne. Rechts von der Sperre ist noch eine Buchhandlung. Da kann man auch Ansichtskarten kaufen. Daneben ist eine Imbissstube für Reisende ohne Gepäck. Leute mit Gepäck dürfen nicht dort essen. Sie müssen ihr Gepäck anderswo lassen, oder sie müssen in das Restaurant gehen. Öfters will man seinen Koffer zur Aufbewahrung geben, und dann muss man den Gepäckschalter links von der Sperre aufsuchen. Das Restaurant ist auch der Wartesaal, und um es zu erreichen, muss man eine Treppe hinuntergehen. Dort ist das Essen sehr gut und nicht sehr teuer, aber auch nicht besonders billig. Man kann auch eine kleine Erfrischung bekommen, eine Tasse Kaffee, ein Glas Bier oder Wein und ein belegtes Brötchen oder ein Brot mit Wurst oder Käse. Jeder Mensch will aber manchmal gut und billig essen, und dann muss man anderswo essen.

Auf dem Bahnhof ist auch ein Aktualitätenkino. Die Wochenschau ist immer interessant. Mancher Reisende will Geld wechseln. Das kann er auch auf dem Bahnhof tun. Die Wechselstube ist von früh morgens bis spät abends geöffnet. Leider muss man fast immer ziemlich lange warten, denn dort stehen die Leute immer Schlange. Man muss immer seinen Pass mitnehmen, denn sonst darf der Beamte kein Geld wechseln. Man vergisst nämlich manchmal seinen Pass. Zuweilen will eine Dame Geld für ihren Mann wechseln. Der Herr hat den Pass und die Dame hat keinen Pass. Dann muss die Dame umsonst warten, und das ist sehr ärgerlich.

VOKABELN

der **Betrieb,** bustle, activity
die **Züge** (*plural*), trains
der **Süden,** south
der **Osten,** east
die **Wechselstube,** exchange office
die **Zeitungen** (*plural*), newspapers
die **Sperre,** barrier

die **Imbissstube,** snack-bar

das **Restaurant,** restaurant
der **Gepäckschalter** cloakroom (counter)
die **Treppe,** staircase, steps
die **Erfrischung,** refreshment
das **Glas,** glass
der **Wein,** wine
das **Brot,** bread, piece of bread, loaf
der **Käse,** cheese
die **Aktualitäten** (*plural*), current events
die **Wochenschau,** news-reel
die **Dame,** lady
der **Herr,** gentleman

der **Knotenpunkt,** junction
der **Norden,** north
der **Westen,** west
der **Eingang,** entrance
die **Buchhandlung,** bookshop
Bücher (*plural*), books
der **Fahrplan** (*plural:* **Fahrpläne**), time-table
die **Ansichtskarte** (*plural* **-n**), picture post-card
der **Reisende,** traveller
Reisende, travellers
die **Aufbewahrung,** storage
der **Wartesaal,** waiting-room

das **Essen,** meal, food
die **Tasse,** cup
das **Bier,** beer
das **Brötchen,** roll
die **Wurst,** sausage

der **Mensch,** human being
das **Kino,** cinema

die **Schlange,** queue, snake
der **Mann,** man, husband

immer, always
daneben, beside it
überall, everywhere
mit, with
öfters, often, frequently
billig, cheap
spät, late
geöffnet, open
zuweilen, sometimes
ärgerlich, annoying

links, on the left
allerlei, all kinds of
rechts, on the right
anderswo, elsewhere
hinunter, down
morgens, in the morning
abends, in the evening
ziemlich, fairly, rather
umsonst, in vain, for nothing

kaufen, to buy
geben (**er gibt**), to give
vergessen (**er vergisst**), to forget

lassen (**er lässt**), to leave
aufsuchen, to seek out
erwarten, to expect, to await

Bonn : Bundeshaus

Bonn: Beethovens Geburtshaus

Bonn: Marktplatz und Rathaus

ZUM LERNEN

viel Betrieb	much activity
den ganzen Tag	all day
eine Tasse Kaffee	a cup of coffee
ein belegtes Brot (Brötchen)	a sandwich
Sie stehen Schlange.	They are standing in a queue.
Man gibt sein Gepäck zur Aufbewahrung.	One puts one's luggage in the cloak-room.
links vom Eingang	to the left of the entrance
rechts von der Sperre	to the right of the barrier
ein Glas Bier	a glass of beer

GRAMMATIK

1. Like the definite article (**der, die, das**) are declined the words:

dieser	this
jener	that
jeder	each, every
welcher	which
mancher	many a

Nom: dies**er** Mann   dies**e** Frau   dies**es** Haus
Acc: dies**en** Mann   dies**e** Frau   dies**es** Haus

> *e.g.* **Welcher Mann sieht mich?**
> **Welchen Mann sehen Sie?**

2. Like the indefinite article (**ein, eine, ein**) are declined the word **kein** (*not a, not any*) and the possessive adjectives:

Singular		*Plural*	
mein	my	**unser**	our
Ihr	your	**Ihr**	your
sein	his, its	**ihr**	their
ihr	her, its		
sein	its		

Nom: mein Zug   mein**e** Zeitung   mein Buch
Acc: mein**en** Zug   mein**e** Zeitung   mein Buch

N.B.—Be particularly careful regarding the declension of **unser**; although it ends in **er** it must not be declined like **dieser**.

D.S.D.—C

Nom: unser Zug   unsere Zeitung   unser Buch
Acc: unser**en** Zug   unsere Zeitung   unser Buch

3. *The Modal Auxiliary Verbs*

These verbs are irregular in the singular. They invariably govern an infinitive, and the infinitive is thrown to the end of the clause.

können—*to be able (can)*		**müssen**—*to have to (must)*		**wollen**—*to want (will)*	
ich	**kann**	ich	**muss**	ich	**will**
Sie	**können**	Sie	**müssen**	Sie	**wollen**
er		er		er	
sie	**kann**	sie	**muss**	sie	**will**
es		es		es	
man		man		man	
wir	**können**	wir	**müssen**	wir	**wollen**
Sie	**können**	Sie	**müssen**	Sie	**wollen**
sie	**können**	sie	**müssen**	sie	**wollen**

dürfen—*to be allowed (may)*		**sollen**—*to have to (shall)*		**mögen**—*to like (may)*	
ich	**darf**	ich	**soll**	ich	**mag**
Sie	**dürfen**	Sie	**sollen**	Sie	**mögen**
er		er		er	
sie	**darf**	sie	**soll**	sie	**mag**
es		es		es	
man		man		man	
wir	**dürfen**	wir	**sollen**	wir	**mögen**
Sie	**dürfen**	Sie	**sollen**	Sie	**mögen**
sie	**dürfen**	sie	**sollen**	sie	**mögen**

The meanings given above are basic or literal meanings only. These verbs are frequently used idiomatically. The following examples indicate some of the more normal usages:

Ich kann das nicht tun.	I can't do that.
Sie müssen nächste Woche nach Deutschland fahren.	You have to go to Germany next week.
Darf ich eine Zigarette rauchen?	May I smoke a cigarette?
Sie dürfen das nicht tun.	You must not do that. (*Must not* is expressed by **dürfen**, not **müssen**.)

Was soll ich jetzt machen?	What shall I do now?
Es mag sehr gut sein.	It may be very good.
Ich mag diesen Kaffee nicht.	I don't like this coffee.

EIN GESPRÄCH

HERR JONES: Endlich sind wir da! „Gott sei Dank!" kann ich nur sagen.

FRAU JONES: Ich bin so müde wie noch nie. Hunger habe ich auch.

HERR JONES: Wir wollen bald essen. Ich muss aber erst noch Geld wechseln.

FRAU JONES: Wir haben noch kein Zimmer. Das dürfen wir nicht vergessen. Wir haben eine Adresse irgendwo. Welches Hotel ist es?

HERR JONES: Das eilt nicht. Soll ich unseren Koffer zur Aufbewahrung geben?

FRAU JONES: Ja, und ich will inzwischen einen Reisescheck einlösen.

HERR JONES: Schön. Machen wir es so!

FRAU JONES: Welchen Scheck soll ich einlösen? Wir haben zwei zu fünf Pfund und einen zu zehn Pfund.

HERR JONES: Ich denke einen zu zehn Pfund.

AM GEPÄCKSCHALTER

DER BEAMTE: Ein Stück?

HERR JONES: Ja, ein Koffer.

DER BEAMTE: Auch mit Versicherung? Es kostet nur zwanzig Pfennig.

HERR JONES: Nein, danke. Ich hole ihn bald wieder.

DER BEAMTE: Bitte, beim Abholen bezahlen!

IN DER WECHSELSTUBE

FRAU JONES: Ich möchte zehn Pfund wechseln.

DER BEAMTE: Bitte schön. Darf ich Ihren Pass sehen?

FRAU JONES: O, wie ärgerlich! Den Pass hat mein Mann. Geht es nicht ohne Pass?

DER BEAMTE: Es tut mir leid, aber ohne Pass darf ich kein
Geld wechseln.

FRAU JONES: Dann muss ich den Pass holen. Danke schön.
Ich komme gleich wieder. Hoffentlich muss ich das nächste
Mal nicht so lange warten!

VOKABELN

das **Zimmer,** room

das **Stück,** piece, article

das **Hotel,** hotel

die **Versicherung,** insurance

irgendwo, somewhere, any-
where

inzwischen, meanwhile

einlösen, to cash

bezahlen, to pay

holen, to fetch

ZUM LERNEN

Gott sei Dank!	Thank goodness!
Ich bin so müde wie noch nie!	I have never been so tired.
erst noch	first of all, before that
Ein Reisescheck zu zehn Pfund.	A traveller's cheque for £10.
Das eilt nicht.	There's no hurry about that.
Machen wir es so!	Let's do it that way.
Bitte, beim Abholen bezahlen!	Please pay on collection.
Es geht nicht.	It is impossible. It can't be done.
Es tut mir leid.	I am sorry.
Ich komme gleich wieder.	I'll be back shortly.
Ich möchte es tun.	I should like to do it.

AUFGABEN

1. Beantworten Sie:

(1) Wo ist immer viel Betrieb? (2) Welcher Bahnhof ist ein
Knotenpunkt? (3) Wo steht die Wechselstube? (4) Was steht
daneben? (5) Für welche Leute ist die Imbissstube? (6) Was
müssen Leute mit Gepäck tun? (7) Wo ist der Gepäckschalter
auf dem Kölner Bahnhof? (8) Was muss man tun, um den

Wartesaal zu erreichen? (9) *Was für eine Erfrischung kann man bekommen? (10) Wann ist die Wechselstube geöffnet? (11) Was darf man nicht vergessen? (12) Was kostet die Gepäckversicherung? (13) Wann muss man bezahlen? (14) Wo muss man öfters lange warten?

* Was für . . . *What kind of* . . .

2. Ergänzen Sie:

(1) Dies— Beamte hat kei— Fahrplan. (2) Jen— Herr gibt sei— Koffer — Aufbewahrung. (3) Ich lese mei— Zeitung und er liest sei— Buch. (4) Welch— Bahnhof suchen Sie? (5) Ich habe leider kei— Zigarette. (6) Jed— Reisende muss ei— Pass haben. (7) Unse— Zug fährt sehr langsam. (8) Nehmen Sie Ih— Tasse und trinken Sie Ih— Kaffee! (9) Ich warte schon d— ganz— Tag, aber er kommt nicht. (10) Wann bringt d— Kellner unse— Glas Bier und unse— Brot mit Käse? (11) Wollen Sie Ih— Reisescheck einlösen? (12) Welch— Zug erwarten Sie bald? (13) Jed— Bahnhof hat ei— Gepäckschalter. (14) Nun müssen wir unse— Hotel aufsuchen. (15) Dies— Hotel hat kei— Zimmer frei. (16) Ich gehe durch d— Eingang, um auf d— Bahnhof Geld zu wechseln.

3. Geben Sie die richtige Form des Verbs:

(1) Er [müssen] sehr bald nach Deutschland fahren.
(2) Die Dame [dürfen] das Geld nicht wechseln.
(3) Wer [bezahlen] Ihre Reise?
(4) Wo [sollen] ich die Gepäckversicherung bezahlen?
(5) Jeder Reisende [mögen] dieses Hotel sehr gern.
(6) Der Herr [können] sein Gepäck hier lassen.
(7) Der Reisende [lassen] seinen Koffer auf dem Bahnhof.
(8) Diese Dame [vergessen] immer ihren Pass.
(9) Er [wollen] nicht lange warten.
(10) [Holen] Sie bitte Ihr Gepäck!

4. Übersetzen Sie:

Our room, my hotel, their address, his wife, her husband, every waiter, that restaurant, which cup of coffee? many a glass of beer, your picture post-card.

5. Ergänzen Sie durch ein passendes Verbum:

(1) Ich muss einen Scheck —. (2) Ich kann die Reise nicht —, denn sie — viel Geld. (3) Es — mir sehr leid, aber ich — das nicht tun. (4) Um den Wartesaal zu —, — man eine Treppe hinunter. (5) Er — ein belegtes Brot und — seine Zeitung. (6) — Sie Ihren Koffer auf dem Bahnhof! (7) Endlich können

wir weiter—.   (8) Was — er gegen mich?   (9) — dieser Zug in
Köln?   (10) Ich — gleich wieder.

6. Übersetzen Sie:

(1) What shall we do?   (2) You must not smoke here.   (3) The
coffee may be very good, but I should like to have beer.
(4) When have you to go to Bonn?   (5) Why can't he buy the
book?   (6) May I smoke a cigarette?   (7) She wants to buy a
picture post-card.   (8) I don't like this bustle at the station.
(9) Do you want to read your book?   (10) I cannot wait very
long to-day.

7. Übersetzen Sie:

(1) I work all day.   (2) Why are they standing in a queue?
(3) Would you like a cup of coffee or a glass of beer?   (4) Sometimes he waits from morning until evening.   (5) There is no
hurry about it.   (6) I am sorry, but it can't be done.   (7) To
the right of the entrance is the book-shop.   (8) Do you want to
put your luggage in the cloakroom?   (9) That is sometimes very
annoying.   (10) I should like to dine elsewhere.   (11) The news-
reel is not particularly interesting.   (12) This restaurant is open
from early morning until late evening.   (13) The food is good
but not very cheap.   (14) May I have your address?   (15) We
haven't got a room yet.   (16) It is to be hoped you don't wait for
nothing.   (17) What does the insurance cost?   (18) I have the
address somewhere.

8. Übersetzen Sie:

One always sees many people at the Central Station in Cologne, for
this station is a junction.   From Cologne trains travel to Belgium,
France [Frankreich] and Holland.   The activity at the station is
always very interesting.   One can buy books, newspapers and picture
postcards.   The snack-bar for travellers without luggage and the
restaurant are also very good.   Sometimes one has to wait a long time
at the station and then one can visit the news-cinema.   The bureau
de change and the cloak-room are open all day.   You wish to change
money?   Then don't forget your passport!   The official in the exchange office has to see your passport.   Otherwise he can't change
your money.

WIEDERHOLUNG

1. Schreiben Sie fünf Sätze über:
   (*a*) Deutschland.
   (*b*) Wie ich nach Deutschland fahre.
   (*c*) Der Kölner Bahnhof.

2. Ergänzen Sie und geben Sie die richtige Form des Verbs:
   (1) Welch— Engländer [fahren] morgen mit d— Zug nach Köln?
   (2) Dies— Herr [wollen] sei— Frau in Deutschland besuchen.
   (3) In Deutschland [haben] jed— Land ei— Hauptstadt.
   (4) [Haben] er mei— Adresse oder [haben] Sie — ?
   (5) [Dürfen] ich Sie nächst— Jahr in Deutschland besuchen?
   (6) Viel— Dank für d— Geld und d— Zeitung!
   (7) Ich [brauchen] kei— Pass, denn ich [bleiben] in England.
   (8) [Sein] Sie morgen — Hause?
   (9) Heute [haben] unse— Zug kei— Verspätung.
   (10) Mei— Kaffee [müssen] ich leider verzollen.
   (11) Heute [haben] ich wieder kei— Platz, denn d— Zug [sein] sehr voll.
   (12) Jen— Dame [erwarten] ih— Mann, aber sie [sehen] — nicht.
   (13) Dies— Frau aus Köln [essen] viel Brot.
   (14) Er [gehen] bald — Hause und bleibt auch dort.
   (15) Er [nehmen] über zwei Pfund Kaffee mit. Hoffentlich [sein] d— Kontrolle nicht sehr scharf.
   (16) Morgens [schlafen] sei— Frau immer ziemlich lange.
   (17) Warum [nehmen] dies— Beamte mei— Pass?
   (18) Morgens [haben] man manchmal kei— Hunger.
   (19) Er [wollen] etwas für d— Reise kaufen.
   (20) [Öffnen] Sie bitte Ih— Koffer!

3. Übersetzen Sie:
   Without me; against her; through the Cathedral; for us; for him; round the house; without my passport; without your money; he sees her; she sees him.

4. Geben Sie die erste und dritte Person Singular (*ich* und *er*):
   fahren, lesen, essen, nehmen, sehen, antworten, rauchen, wollen,

wechseln, öffnen, müssen, vergessen, mögen, bezahlen, lassen, warten, holen, erreichen, geben, liegen.

5. Übersetzen Sie:

(1) Can you read that? (2) What does he want? (3) May I see it? (4) What shall I say? (5) He has to stay at home. (6) You must not go home yet. (7) They won't wait. (8) I don't like it. (9) That may be. (10) Where can one buy picture postcards?

6. Übersetzen Sie:

(1) Which hotel are you looking for (seeking)? (2) This snack-bar is not for us. (3) I am very sorry, but you must wait a long time to-day. (4) He'll be back shortly. (5) I should like a picture postcard from Cologne. (6) You may cash your traveller's cheque here. (7) He is not expecting you. (8) She forgets everything. (9) I have nothing against a cup of coffee. (10) The news-reel is frequently very interesting. (11) To the left of the barrier is the news-cinema. (12) Why does nobody come? (13) The cigarette may be good but I don't smoke. (14) We must first of all eat something. (15) The official opens the window. (16) You are always unlucky. (17) I do not need my suit-case. (18) Honesty is the best policy. (19) Haven't you anything else? (20) He is probably right. (21) She hasn't much time. (22) What do you mean by that? (23) Not every State has a government of its own. (24) Are you talking about Western Germany or Eastern Germany? (25) Are you from the Rhine?

DAS VERKEHRSAMT

In Deutschland hat jede Stadt ein Verkehrsamt für den Fremdenverkehr. Das Verkehrsamt erteilt Auskunft über allerlei Veranstaltungen und führt auch einen Hotel- und Zimmernachweis. Einen Stadtplan kann man dort auch bekommen. Ein Ausländer kommt manchmal nach einer Stadt wie Köln, hat bei der Ankunft noch kein Zimmer und bittet das Verkehrsamt um Hilfe. Der Beamte empfiehlt ihm dann ein Hotel oder ein Privatzimmer, sagt ihm den Preis, gibt ihm die Adresse und zeigt ihm den Weg dahin. Man bezahlt gewöhnlich 50 [fünfzig] Pfennig für die Vermittlung.

VOKABELN

der **Verkehr,** traffic, intercourse

der **Fremdenverkehr,** tourist traffic

die **Veranstaltung** (*Plural* **-en**), arrangement

der **Plan,** plan

die **Ankunft,** arrival

der **Preis,** price

das **Verkehrsamt,** visitors' advice bureau

die **Auskunft,** information

der **Nachweis,** list, guide

der **Ausländer,** foreigner

die **Hilfe,** help

die **Vermittlung,** good offices, mediation, arranging

dahin, there (*with verbs of motion*)

erteilen, to impart, to give (information)

bitten, to ask, to request

zeigen, to show

führen, to keep, to lead

empfehlen (**er empfiehlt**) to recommend

ZUM LERNEN

Er erteilt Auskunft. — He supplies information.

bei der Ankunft — on arrival

Er bittet um Hilfe. — He asks for help.

GRAMMATIK

1. *The Dative Case*

The indirect object (*i.e.*, the person or thing to whom or which something is given, lent, sent, etc.) is expressed in German in the dative case.

Masculine	*Feminine*	*Neuter*
dem Mann	**der** Frau	**dem** Kind (*child*)
einem Mann	**einer** Frau	**einem** Kind
diesem Mann	**dieser** Frau	**diesem** Kind
meinem Mann	**meiner** Frau	**meinem** Kind

N.B.—The noun **Herr**, like certain other masculine nouns which may be encountered from time to time, adds **n** in the accusative and dative singular.

An optional **e** may be added to masculine and neuter nouns in the dative singular. This is largely a question of rhythm in the sentence as a whole. In some expressions such as **nach Hause** and **zu Hause** the **e** is always added as a matter of usage.

2. The following prepositions always govern the dative case:

mit	with
zu	to, at
nach	to (a place), after, according to
von	of, from
aus	out of
bei	with, near, at the house of (cf. French *chez*)
seit	since
gegenüber	opposite

Note that **gegenüber** often follows the noun or pronoun it governs.

e.g. mir gegenüber

3. *Contractions*

Certain prepositions and the definite article are frequently combined in such a way as to contract the definite article. Common examples are:

fürs = für das, zum = zu dem, zur = zu der, vom = von dem, ums = um das, beim = bei dem

4. The following are the dative forms of the pronoun. Compare the nominative and accusative forms.

Nominative	Accusative	Dative
ich	mich	mir
Sie	Sie	Ihnen
er	ihn	ihm
sie	sie	ihr
es	es	ihm
wir	uns	uns
Sie	Sie	Ihnen
sie	sie	ihnen

5. When direct and indirect objects occur together the following rules regarding the order of these objects must be observed:

(a) Where both are nouns—dative before accusative:
 e.g. **Ich gebe meinem Vater eine Zigarette.**

(b) Where both are pronouns—accusative before dative:
 e.g. **Ich gebe sie ihm.**

(c) Where one is a noun and the other a pronoun—pronoun before noun, without regard to case:
 e.g. **Ich gebe sie meinem Vater.**
 Ich gebe ihm eine Zigarette.

EIN GESPRÄCH

Herr und Frau Jones kommen aus dem Restaurant auf dem Kölner Bahnhof

HERR JONES: So! Jetzt geht's mir viel besser. Was sollen wir jetzt machen?

FRAU JONES: Jetzt müssen wir eigentlich ein Zimmer finden. Aber wo und wie?

HERR JONES: Das ist ganz einfach. Wir gehen zum Verkehrsamt. (*Zu einem Gepäckträger*) Wie kommt man bitte zum Verkehrsamt?

GEPÄCKTRÄGER: Gehen Sie hier links um die Ecke, dann über die Strasse und Sie sehen das Verkehrsamt dem Dom gegenüber. Es ist gar nicht weit.

AUF DEM VERKEHRSAMT

HERR JONES: Können Sie uns ein Doppelzimmer geben?

DER BEAMTE: Ja. Wollen Sie ein Hotelzimmer oder möchten Sie privat wohnen?

HERR JONES: Wir suchen ein Privatzimmer.

DER BEAMTE: Zu welchem Preis darf es sein? Ich kann Ihnen ein Doppelzimmer zu sieben, acht oder neun Mark geben. Das Zimmer zu sieben Mark ist ziemlich weit draussen. Ich kann Ihnen dieses Zimmer zu acht Mark sehr empfehlen. Es ist auch nicht weit von der Stadtmitte. Ich kenne die Leute persönlich.

HERR JONES: Also schön! Nehmen wir das! Und wie kommt man dahin?

DER BEAMTE: Am besten fahren Sie mit der Strassenbahn, Linie Nummer 2, bis zur Georgskirche. Die Karlstrasse finden Sie der Kirche gegenüber. Hier haben Sie die Adresse. Die Leute heissen Krämer.

HERR JONES: Vielen Dank. Können Sie mir auch einen Stadtplan geben?

DER BEAMTE: Gern. Nehmen Sie auch ein paar Prospekte mit! Zur Zeit sind viele Engländer in Köln. Die Leute hier links sind auch Landsleute von Ihnen. Dem Herrn da kann ich vorläufig noch kein Hotelzimmer geben. Er will nämlich ein Einzelzimmer, und alles ist besetzt. Die Dame wartet auf Auskunft. Sie versteht leider nicht viel Deutsch. Sagen Sie ihr, bitte, ich muss zuerst telefonieren und dann kann ich ihr Antwort geben.

HERR JONES: Mit Vergnügen. Einer Dame bin ich immer gern behilflich. Auf Wiedersehen und vielen Dank!

VOKABELN

der **Gepäckträger,** porter
die **Strasse,** street, road

die **Mitte,** middle, centre
die **Linie,** route, line
die **Kirche,** church

der **Landsmann** (*Plural:* -leute), compatriot, fellow countryman
die **Antwort,** answer

besser, better
gar nicht, not at all

die **Ecke,** corner
das **Doppelzimmer,** double room
die **Strassenbahn,** tramcar
die **Nummer,** number
der **Prospekt** (*Plural* -e), prospectus
das **Einzelzimmer,** single room

das **Vergnügen,** pleasure

eigentlich, really, actually
draussen, outside, on the outskirts

persönlich, personally

vorläufig, at present
zuerst, at first, first

machen, to do, to make
kennen, to know, to be acquainted with
verstehen, to understand

am besten, best of all; best (*adverb*)
besetzt, occupied, full up
behilflich, helpful, of assistance

finden, to find
heissen, to be called

telefonieren, to telephone

ZUM LERNEN

Wie kommt man bitte zum Bahnhof? — How does one get to the station, please?
Zu welchem Preis darf es sein? — What price would you like to pay?
Wie kommt man dahin? — How do you get there?
zur Zeit — at the time, at the present time
Sie wartet auf mich. — She is waiting for me.
Ich bin ihm gern behilflich. — I like to help him.
Ich kann Ihnen Antwort geben. — I can give you *an* answer.
mit der Strassenbahn — by tram

AUFGABEN

1. Beantworten Sie folgende Fragen:

   (1) Was hat jede Stadt in Deutschland? (2) Welche Auskunft erteilt das Verkehrsamt? (3) Was kann man auf dem Verkehrsamt bekommen? (4) Wer bittet das Verkehrsamt manchmal um Hilfe? (5) Was empfiehlt ihm der Beamte? (6) Was bezahlt man für die Vermittlung? (7) Wo liegt das Verkehrsamt in Köln? (8) Suchen Herr und Frau Jones ein Hotelzimmer? (9) Welches Zimmer empfiehlt ihnen der Beamte? (10) Wie kommt man dahin? (11) Wer kennt die Leute persönlich? (12) Wie heissen die Leute? (13) Was will der Herr aus England auf dem Verkehrsamt? (14) Warum kann der Beamte ihm kein Einzelzimmer geben? (15) Warum muss die Dame warten?

2. Ergänzen Sie und geben Sie die richtige Form des Verbs:

   (1) Dies— Beamte [erteilen] gern Auskunft.
   (2) [Kennen] Sie d— Leute persönlich?

(3) Er [können] sei— Zimmer nicht finden.

(4) Wer [telefonieren] jetzt?

(5) Jen— Herr [finden] d— Verkehrsamt gegenüber d— Dom.

(6) Unse— Gepäckträger [suchen] ei— Herr— mit ei— Koffer.

(7) Jed— Gepäckträger [bitten] manchmal — Geld.

(8) Bei d— Ankunft in Köln [haben] wir immer ei— Hotel-zimmer.

(9) Welch— Dame [zeigen] er d— Weg?

(10) Leider [verstehen] dies— Ausländer kei— Deutsch.

3. Übersetzen Sie:

With this gentleman; to the station; from that house; after the journey; since that evening; opposite the station; near the church; at that time; with every lady; from the waiter; after lunch [after the lunch]; opposite our flat; out of the hotel; to the Rhine.

4. Übersetzen Sie:

For me; with me; against us; opposite us; opposite you; from him; after you; with her; without them; with them.

5. Ersetzen Sie die unterstrichenen Substantive durch Pro-nomina:

(1) Die Dame fährt mit ihrem Mann nach Deutschland.

(2) Geben Sie Ihrer Frau das Geld?

(3) Wir wohnen nicht mehr bei dieser Dame.

(4) Der Beamte erteilt dem Ausländer Auskunft.

(5) Der Deutsche zeigt dem Engländer und seiner Frau die Stadt.

(6) Er gibt mir seine Adresse.

(7) Der Kellner bringt ihr ein Brötchen.

(8) Holen Sie ihm die Zeitung!

(9) Ich habe dieses Buch von jener Dame.

(10) Zeigen Sie mir Ihren Pass!

6. Ergänzen Sie durch ein passendes Verbum:

(1) Er — um Auskunft.

(2) Er — gern Auskunft.

(3) Der Gepäckträger — mir den Weg.

(4) Das Verkehrsamt — einen Zimmernachweis.

(5) Wie — man bitte zum Bahnhof?

(6) Ich möchte Ihnen behilflich —.

(7) — Sie schon lange auf mich?

(8) Der Beamte — mir ein Hotel.
(9) Wie — diese Leute? Sie — Schmidt.
(10) — Sie gar kein Deutsch?

7. Übersetzen Sie:

(1) What do you do on arrival in Cologne? (2) We must ask him for help. (3) How do you get to the Cathedral, please? (4) Are you waiting for him? (5) Is the hotel far from the centre of the town? (6) You must go by tram. (7) Can you recommend me an hotel? (8) I should like a single room, please. (9) Can you show this lady a plan of the town? (10) At the present time every room is occupied.

8. Übersetzen Sie:

In Cologne the visitors' advice bureau is not far from the Central Station. Many people go there and ask for information. Sometimes the official cannot give them a room, for every hotel room is occupied. He can always give them a plan of the town, however, and he is always glad to give information about all kinds of arrangements. Many people like to stay in a private house [*i.e.*, live privately]. A room in a private house is sometimes quite cheap, but a hotel room is usually rather expensive. Many English people visit Cologne, and the visitors' advice bureau is frequently of assistance to them.

IM HOTEL

Herr Brown wohnt in einer Stadt in Nordengland und macht eine Geschäftsreise nach Düsseldorf. Er kennt ein Hotel in der Nähe vom Bahnhof und geht sofort dahin. Im Hotel geht er zum Empfang und sagt der Empfangsdame seinen Namen. Sie blättert in ihrem Buch und nennt ihm schliesslich seine Zimmernummer. Dann muss Herr Brown den Meldezettel ausfüllen. Dann ruft sie den Portier, gibt ihm einen Schlüssel und sagt ihm, er soll den Herrn auf sein Zimmer führen.

Der Portier nimmt seinen Koffer und führt ihn zum Aufzug. Im dritten Stock hält der Aufzug, der Portier öffnet die Tür von Zimmer No. 50 und Herr Brown tritt in das Zimmer.

Das Zimmer ist wirklich bequem und ganz nett möbliert. An der Wand steht das Bett, und neben dem Bett steht ein Nachttisch. In der Ecke links vom Fenster steht ein Kleiderschrank, und in der Ecke rechts steht eine Kommode mit einem Spiegel. Herr Brown öffnet seinen Koffer, nimmt einen Anzug heraus und legt ihn vorläufig über einen Stuhl. Später will er ihn über einen Kleiderbügel im Kleiderschrank hängen. Er muss aber seinen Koffer erst noch auspacken. Seinen Schlafrock legt er auf das Bett und seinen Schlafanzug daneben. Ein Paar Schuhe stellt er zum Putzen draussen vor die Tür. Bald ist er fertig, kann im Badezimmer nebenan ein Bad nehmen und dann ins Bett gehen.

VOKABELN

das **Geschäft,** business

die **Nähe,** vicinity

die **Empfangsdame,** receptionist

der **Meldezettel,** registration form

die **Geschäftsreise,** business trip

der **Empfang,** reception (desk)

der **Name** (*Acc:* **Namen**), name

der **Portier,** hotel porter

Düsseldorf: Benrather Schloss

*Köln: Blick von der Reichardterrasse
auf den Dom*

der **Schlüssel,** key
der **Stock,** storey, floor
das **Bett,** bed
der **Kleiderschrank,** wardrobe
der **Spiegel,** mirror
der **Stuhl,** chair
der **Schlafrock,** dressing gown
das **Paar,** pair, couple
die **Tür,** door
das **Bad,** bath

der **Aufzug,** lift
die **Wand,** wall
der **Nachttisch,** bedside table
die **Kommode,** chest of drawers
der **Anzug,** suit
der **Kleiderbügel,** coat-hanger
der **Schlafanzug,** pyjamas
der **Schuh** (*Plural* **-e**), shoe
das **Badezimmer,** bathroom

sofort, at once, immediately
nett, nice
später, later
nebenan, next door

schliesslich, finally, at last
möbliert, furnished
fertig, ready, finished

blättern, to turn over the pages
ausfüllen, to fill up
treten (er tritt), to step
hängen, to hang
stellen, to put, to stand

nennen, to name, to state
rufen, to call, to shout
legen, to lay, to put
auspacken, to unpack
putzen, to clean

ZUM LERNEN

in der Nähe vom Bahnhof — near the station
Der Portier führt ihn auf sein Zimmer. — The porter takes him to his room.
im dritten Stock — on the third floor
ein Paar Schuhe — a pair of shoes
zum Putzen — to be cleaned (*literally:* for cleaning)
Er geht *ins* Bett. — He goes to bed.
Er nimmt seinen Anzug heraus. — He takes out his suit.

GRAMMATIK

1. The following prepositions, all of which indicate the position of one thing with regard to another, govern the dative case when they indicate position only and the accusative when they indicate change of position—*i.e.*, movement towards the noun or pronoun governed:

in	in, into
auf	on
unter	under

über	over, above
an	to, at, on
vor	before, in front of
hinter	behind
zwischen	between
neben	near, beside

e.g. **Ich bin in dem Zimmer.**
Ich gehe in das Zimmer.

Ein Paar Schuhe steht vor der Tür.
Ich stelle ein Paar Schuhe vor die Tür.

2. Expressions such as *in it*, *in them*, *under it*, *under them*, where the pronoun refers to things rather than persons, are rendered in German by a compound of the word **da** and the preposition, corresponding to the more unusual English form *therewith*, *thereon*, etc. Common examples are:

davor, dazu, damit, dafür, davon, dabei, dagegen, darum, darin, daraus, darauf, daran, darunter, darüber, daneben, dazwischen, dadurch

Note that where the preposition begins with a vowel **dar** is prefixed.

N.B.—The form **dadurch** is not used in the literal sense of *through it* where *through* indicates motion but only in the figurative sense of *by that means*, *as a result*.

EIN GESPRÄCH

HERR BROWN: Guten Abend. Ich glaube, Sie haben ein Zimmer für mich. Brown ist mein Name.

EMPFANGSDAME: Ach so! Herr Brown. Ja, ich glaube schon. Moment, bitte. Ja, richtig! Zimmer No. 50. Wollen Sie bitte so gut sein und den Meldezettel ausfüllen?

HERR BROWN: Gerne.

EMPFANGSDAME: Für wieviele Nächte ist es? Zwei, nicht wahr?

HERR BROWN: Ja. Zunächst nur zwei Nächte. Vielleicht bleibe ich aber länger, und in dem Falle sage ich Ihnen morgen Bescheid.

EMPFANGSDAME: Es ist gut. (*Ruft den Portier*) Führen Sie den Herrn bitte auf Zimmer No. 50!

PORTIER: Sofort.

(*Sie fahren mit dem Aufzug in den dritten Stock*)

HERR BROWN: Vielen Dank. Den Koffer können Sie gleich in die Ecke stellen.

PORTIER: Jawohl, mein Herr. Um wieviel Uhr darf man Sie morgen wecken?

HERR BROWN: Um acht, bitte.

PORTIER: Wünschen Sie sonst noch etwas?

HERR BROWN: Nein, danke schön. Gute Nacht.

PORTIER: Gute Nacht, mein Herr.

VOKABELN

der **Moment,** moment

der **Fall,** case

die **Uhr,** clock

richtig, correct, right
jawohl, yes

wecken, to waken

die **Nacht** (*Plural:* **Nächte**), night

der **Bescheid,** information, knowledge

zunächst, first, at first, first of all

wünschen, to wish

ZUM LERNEN

Ich glaube schon.
I believe that's so.

Moment, bitte.
Just a moment, please.

Wollen Sie so gut sein und den Meldezettel ausfüllen?
Would you be good enough to complete [fill up] the registration form?

Ich sage Ihnen morgen Bescheid.
I'll let you know to-morrow.

um wieviel Uhr?
at what time?

Gute Nacht.
Good night.

nicht wahr?
isn't it, don't you, can't we, etc. (repeating in the negative interrogative the verb used in a prior statement).

AUFGABEN

1. Beantworten Sie folgende Fragen:

(1) Wo liegt das Hotel von Herrn Brown? (2) *Wem sagt er seinen Namen? (3) Was muss Herr Brown ausfüllen? (4) Wieviele Nächte will er im Hotel bleiben? (5) *Wen ruft die Empfangsdame? (6) Wo hält der Aufzug? (7) Um wieviel Uhr soll man Herrn Brown wecken? (8) Wo steht das Bett in seinem Zimmer? (9) Was steht in der Ecke links vom Fenster? (10) Was tut Herr Brown mit dem Paar Schuhe? (11) Was muss er auspacken? (12) Was tut er mit seinem Schlafrock? (13) Wo nimmt er ein Bad? (14) Wo ist das Badezimmer? (15) Was hängt man über einen Kleiderbügel?

　　* **Wem,** whom, to whom (*dative*); **wen,** whom (*accusative*).

2. Ergänzen Sie:

(1) Er geht in sei— Zimmer und öffnet d— Kleiderschrank. (2) In d— Nähe von d— Kirche sucht er ei— Hotel. (3) Kennen Sie d— Herr— neben jen— Dame? (4) Zwischen d— Kirche und d— Bahnhof liegt d— Verkehrsamt. (5) Mei— Nam— kann ich Ihnen nicht nennen. (6) Sei— Anzug hängt er in d— Kleiderschrank, aber sei— Schlafanzug legt d— Herr über d— Bett. (7) Warum tritt er vor d— Spiegel auf d— Kommode? (8) Dies— Kind darf nicht über d— Strasse gehen. (9) Herr Brown liegt jetzt — Bett. Er legt sei— Buch auf d— Nachttisch neben d— Bett. (10) D— Meldezettel kann ich noch nicht ausfüllen, denn ich habe kei— Zeit.

3. Ersetzen Sie die unterstrichenen Wörter durch Pronomina:

(1) Ich öffne meinen Koffer und nehme meinen Anzug heraus. (2) Ich stehe vor dem Spiegel. (3) Ich kenne den Portier nicht, aber ich kenne die Empfangsdame. (4) Was liegt auf dem Stuhl? (5) Hängen Sie Ihren Anzug über den Kleiderbügel! (6) In dem Zimmer ist kein Spiegel. (7) Er stellt den Stuhl neben das Bett. (8) Was tun Sie mit meinem Koffer? (9) Sie gibt dem Portier den Schlüssel. (10) Für die Zeitung habe ich heute keine Zeit.

4. Übersetzen Sie:

(1) Put the book on the chair! (2) Your newspaper is on the table. (3) The porter carries my suitcase into the room. (4) He steps in front of the mirror. (5) Are you giving her the key? (6) He is sitting in his room. (7) My suit is lying on the chest

of drawers. (8) Do you want to take something out of the ward-robe? (9) I am going with them to the station, but there is no hurry. (10) Don't go across the road [street]. (11) He goes to (an) the window. Now he is standing at the window. (12) What time do you go to bed? (13) Who is waiting in front of the hotel? (14) In front of his door is a pair of shoes. (15) He puts his suitcase between the bed and the wall.

5. Übersetzen Sie:

(1) He'll let us know to-day. (2) You know him, don't you? (3) Would you be good enough to wait until to-morrow? (4) Do you want anything further? (5) He lives on the third floor. (6) He is coming to-day, isn't he? (7) To whom is she giving the key? (8) I'm sorry, but I haven't a room for you. (9) Next week I am going on a business trip to Germany. (10) Do you live near the station? (11) The porter takes him to his room. (12) My room is quite nicely furnished. (13) At last she is ready! (14) Are you taking a bath? (15) That's how [by that means] I know her.

6. Ergänzen Sie durch ein passendes Verbum:

(1) Ich muss den Meldezettel —. (2) Wann — Sie mir Be-scheid? (3) Der Herr — seinen Namen. (4) Die Empfangs-dame — den Portier. (5) Ich — in meinem Buch. (6) Er — vor den Spiegel. (7) Er — mich auf mein Zimmer. (8) Zunächst muss ich meinen Koffer —. (9) Ich — nur zwei Nächte in diesem Hotel. (10) Möchten Sie jetzt ins Bett —?

7. Übersetzen Sie:

Our hotel in Cologne is in the neighbourhood of the Cathedral. We have a room on the third floor. Usually I go by the lift to the third floor. The porter is very polite and the receptionist is always glad to be of assistance. My room is really nicely furnished. In it I have a bed, a chest of drawers, a wardrobe and a bedside table. The bathroom is next door and I can take a bath late in the evening or early in the morning. I can recommend this hotel.

AUF DER POST

Herr Brown steht heute früh auf, denn er hat viel vor. In Deutschland fängt sein Tag immer sehr früh an. Er zieht seinen Schlafanzug aus und seine Kleider an, geht in den Speisesaal hinunter und nimmt den Morgenkaffee schnell ein. Er darf nicht lange sitzen bleiben, denn er muss zum Postamt gehen.

Auf der Post ist es nicht immer sehr einfach. Da sind so viele Schalter, und da warten so viele Leute. Das ist in jedem Lande so. Man muss sehr vorsichtig sein. Man darf nicht vor irgend einem Schalter Schlange stehen. Dadurch verliert man nur Zeit. Man wartet an Schalter No. 3, zum Beispiel, man kommt endlich an die Reihe, und dann sagt der Beamte am Schalter: ,,Gehen Sie zu Schalter No. 5! Mit Briefmarken kann ich Sie hier nicht bedienen.''

Herr Brown weiss jedoch Bescheid. Er ist nicht zum erstenmal auf der Hauptpost. Zuerst geht er zu Schalter 2 — Postlagernde Sendungen — und fragt nach einem postlagernden Brief. Der Beamte nimmt aus einem Fach mit dem Buchstaben B eine Menge Briefe und Postkarten, sieht sie schnell durch und reicht Herrn Brown zwei Briefe und eine Postkarte. Dann geht dieser zu Schalter 4 — Postwertzeichen in kleinen Mengen — und bittet um sechs Briefmarken zu 25 [fünfundzwanzig] Pfennig.

Dann hat er an Schalter 6 ein Telegramm nach Hamburg aufzugeben. Zum Schluss geht er in eine Telefonzelle, um einen Freund in Düsseldorf anzurufen. Er schlägt die Nummer im Telefonbuch nach, nimmt den Hörer ab, wirft zwei Zehnpfennigstücke ein und wählt die Nummer. Sein Freund meldet sich, und die beiden plaudern ein paar Minuten lang.

VOKABELN

die **Post,** post, post-office
der **Morgenkaffee,** morning coffee, breakfast

der **Speisesaal,** dining-room
das **Postamt,** post office

der **Schalter,** counter
die **Briefmarke** (*Plural* **-n**), stamp
das **Fach,** compartment

die **Menge,** quantity, lot
die **Postkarte,** postcard

das **Telegramm,** telegram
die **Telefonzelle,** telephone box
das **Telefonbuch,** telephone directory

vorsichtig, careful, cautious
jedoch, however

aufstehen, to get up, to rise
anfangen (**er fängt . . . an**), to begin
anziehen, to put on
einnehmen (**er nimmt . . . ein**), to imbibe, to take (food)
bedienen, to serve

durchsehen (**er sieht . . . durch**), to look through
aufgeben (**er gibt . . . auf**), to hand in, to give up
nachschlagen (**schlägt . . . nach**), to look up
einwerfen (**er wirft . . . ein**), to drop in, to insert
melden, to announce, to report

die **Reihe,** row, series

die **Sendung,** missive, letter, etc.

der **Buchstabe** (*Acc.* **-n**), letter (of the alphabet)
der **Brief** (*Plural* **-e**), letter
das **Postwertzeichen,** postage stamp
der **Schluss,** conclusion
der **Freund,** friend
der **Hörer,** receiver

irgend ein, any, any at all
postlagernd, post restante
klein, small

vorhaben, to intend, to plan
ausziehen, to take off

hinuntergehen, to go down
verlieren, to lose, to waste (time)
wissen (**er weiss**), to know (facts)
reichen, to hand, to pass

anrufen, to ring up

abnehmen (**er nimmt . . . ab**), to lift off
wählen, to dial, to select, to choose
plaudern, to chat

ZUM LERNEN

Er steht früh auf.	He gets up early.
Er hat viel vor.	He plans to do much.
Er zieht seine Kleider aus.	He takes his clothes off.
Er zieht seine Kleider an.	He puts his clothes on.
Er bleibt nicht lange sitzen.	He doesn't sit long.
Er darf nicht lange sitzen bleiben.	He must not sit long.

Ich komme an die Reihe. **Ich bin an der Reihe.**	} It is my turn.
zum ersten Male	for the first time
Ich bin auf der Hauptpost.	I am at the General Post Office.
Ich gehe auf die Hauptpost.	I am going to the General Post Office.
zum Schluss	finally, to finish up
Ich gebe ein Telegramm auf.	I hand in a telegram.
Ich rufe einen Freund an.	I ring up a friend.
Ich schlage die Nummer im Buche nach.	I look up the number in the book.
Er meldet sich.	He answers.
ein paar Minuten lang	for a few minutes

GRAMMATIK

1. *Separable Verbs*

A large number of German verbs have what is known as a separable prefix, corresponding to English adverbial forms such as *on* in the expression '*to put on*' and *off* in the expression '*to take off*'.

e.g. **Ich werfe das Geld ein.** I drop the money in.
   Ich nehme den Hörer ab. I lift the receiver (off).

In a main clause the separable prefix of a finite verb goes to the end of the clause.

One cannot, however, relate all German separable verbs to English equivalents.

cf. **'Er fängt immer früh an'** with 'He always begins early.'

2. *The Infinitive*

Certain constructions, which will be dealt with fully at a later stage, govern the infinitive by means of **zu**. A familiar one at this stage is **um . . . zu**. In such cases the **zu** is interposed between the prefix and the infinitive:

Ich gehe in die Telefonzelle, um einen Freund anzu-rufen.
Ich gehe auf den Bahnhof, um einen Zug im Fahrplan nachzuschlagen.

EIN GESPRÄCH

An Schalter 2 (Postlagernde Sendungen)

HERR BROWN (*Zu einem Herrn in der Schlange*): Das dauert aber lange.

ERSTER HERR: Ja. Das ist meistens so um diese Zeit. Die Leute wollen alle früh morgens ihre Post haben.

ZWEITER HERR: Hoffentlich warte ich nicht wieder umsonst. Ich warte schon seit einer Woche auf einen Brief von meiner Frau.

ERSTER HERR: Vielleicht haben Sie diesmal Glück.

(*Endlich kommt Herr Brown an die Reihe.*)

HERR BROWN: Haben Sie vielleicht einen postlagernden Brief für Brown?

(*Er zeigt seinen Pass vor.*)

DER BEAMTE: Braun. B R A U N ?

HERR BROWN: Nein. B R O W N.

DER BEAMTE (*nimmt ein Bündel Briefe und Postkarten aus einem Fach*): Bader, Bloch, Braune, Brown. (*Reicht Herrn Brown zwei Briefe und eine Postkarte.*) Das ist alles.

HERR BROWN: Vielen Dank. Auf Wiedersehen.

An Schalter 4 (Postwertzeichen in kleinen Mengen)

HERR BROWN: Ich hätte gern sechs zu vierzig Pfg. und zwei zu fünfundzwanzig, bitte.

DER BEAMTE: Bitte schön. (*Reicht ihm die Marken.*)

HERR BROWN: Und diesen Brief hier möchte ich als Luftpost nach England schicken. Was kostet er?

DER BEAMTE: Das hängt vom Gewicht ab. Moment mal! Fünfundsechzig Pfg.

HERR BROWN: Dann brauche ich allerdings noch eine Marke zu fünfundsechzig.

DER BEAMTE: So, bitte schön. Das macht drei Mark und fünfundfünfzig Pfennig. Danke schön. Auf Wiedersehen.

In der Telefonzelle

HERR BROWN: Hier ist Brown. Guten Tag, Herr Scholz. Ich bin gerade für ein paar Tage in Düsseldorf. Wie,

bitte? ... Nein, ich bin erst seit gestern hier. Wie geht es
Ihnen denn? ... Das freut mich. Und Ihrer Frau Gemah-
lin auch? Das ist ja fein. ... Ja, heute habe ich Zeit. ...
Ja, ich komme gern. ... Ja. ... ja. Ich esse zu Mittag in der
Stadt. ... Mir ist es eigentlich egal. ... Im Restaurant zum
Goldenen Löwen? Das kenne ich gar nicht. ... Ach so.
Ja, natürlich. In der Nähe vom Rathaus. Um wieviel
Uhr? ... Um eins? Ja, es ist gut. ... Und was macht das
Geschäft? ... Schön. Dann sind Sie bald ein reicher
Mann! ... Ja, alles Nähere erkläre ich Ihnen dann später.
Wir sehen uns dann um ein Uhr. ... Bitte, bitte. Nichts
zu danken. Auf Wiedersehen.

VOKABELN

das **Bündel,** bundle	die **Luftpost,** air mail
das **Gewicht (-e),** weight	der **Gemahl,** husband
die **Gemahlin,** wife	der **Löwe** (*Acc.* **-n),** lion
das **Rathaus,** town hall	

meistens, mostly	**fünfundsechzig,** sixty-five
allerdings, of course, admit-	**fünfundfünfzig,** fifty-five
tedly	
gerade, just	**reich,** rich

vorzeigen, to show	**schicken,** to send
abhängen (**von**), to depend	**erklären,** to explain
(on)	

ZUM LERNEN

um diese Zeit	at this time
Ich warte *auf* **einen Brief.**	I am waiting *for* a letter.
Ich warte schon seit einer Woche.	I have been waiting a week
ein Bündel Briefe	a bundle of letters
ich hätte gern	I should like
Ich gehe ins Ausland.	I am going abroad.
ein paar Tage	a few days
Das hängt von Ihnen ab.	That depends on you.
als Luftpost	as air mail
Wie, bitte?	Beg pardon?
Ich bin erst seit gestern hier.	I have only been here since yesterday.

Das freut mich.	I am glad.
Ihre Frau Gemahlin	Your wife (polite form)
Das ist ja fein.	That's splendid.
Ich esse zu Mittag.	I am lunching.
Mir ist es eigentlich egal.	It's really all the same to me.
um eins [um ein Uhr]	at one o'clock
ein reicher Mann	a rich man
alles Nähere	all further details
Nichts zu danken.	There's nothing to thank me for.

AUFGABEN

1. Beantworten Sie folgende Fragen:

(1) Wann steht Herr Brown auf? (2) Was hat er vor? (3) Wo fängt sein Tag immer früh an? (4) Was zieht er aus? (5) Was zieht er an? (6) Wo nimmt er den Morgenkaffee ein? (7) Wo fragt Herr Brown nach einem postlagernden Brief. (8) Was nimmt der Beamte aus dem Fach? (9) Was reicht er Herrn Brown? (10) Was ist ein Postwertzeichen? (11) Was gibt Herr Brown an Schalter 6 auf? (12) Wen will er anrufen? (13) Wo schlägt er die Nummer nach? (14) Wieviel Geld wirft er ein. (15) Wer meldet sich? (16) Wo isst Herr Brown zu Mittag? (17) Wie heisst das Restaurant? (18) Wo liegt es?

2. Schreiben Sie das ganze Gespräch [*Write the whole conversation*] zwischen Herrn Brown und Herrn Scholz.

3. Ergänzen Sie durch ein passendes Verbum:

(1) Ich — jeden Morgen früh auf. (2) — Sie heute etwas vor? (3) Er — den Zug im Fahrplan nach. (4) Herr Brown — seinen Schlafrock an. (5) Auf der Post — ich ein Telegramm auf. (6) Das Gespräch — mit einer Frage an. (7) Er — den Hörer ab und — die Nummer. (8) Ich gehe in die Telefonzelle, um einen Freund —. (9) Den Morgenkaffee — ich um 7 Uhr ein. (10) Jetzt — Sie an die Reihe.

4. Übersetzen Sie:

(1) Do you get up early? (2) What are you planning to do to-day? (3) I must look up the word [Wort, *neut.*] in the dictionary [Wörterbuch, *neut.*]. (4) At the frontier you have to show your passport. (5) He is ringing up his friend. (6) Go down into the dining-room. (7) Hand in your telegram at this counter. (8) He quickly looks through the newspaper. (9) He takes off his dressing-gown. (10) Please insert 20 Pfg.

5. Ergänzen Sie:

(1) Wer ist jetzt an d— Reihe? (2) Er nimmt die Briefe aus ei— Fach. (3) Schlagen Sie d— Nummer in d— Buche nach! (4) Ich bin — erstenmal in Deutschland. (5) Warten Sie — ei— Telegramm? (6) Ich esse — Mittag in ei— Restaurant in d— Stadt. (7) Mei— Freund ist es eigentlich egal. (8) Er wartet schon — ei— Jahr. (9) Wann kommen wir an d— Reihe? (10) Ich muss zunächst — d— Hauptpost gehen.

6. Bilden Sie Sätze mit *um . . . zu*:

(1) Ich gehe ans Telefon. Ich rufe sie an.
(2) Ich suche mein Wörterbuch. Ich schlage ein Wort nach.
(3) Ich suche mein Geld. Ich gebe Ihnen eine Mark.
(4) Er geht zu Schalter 4. Er gibt ein Telegramm auf.
(5) Er geht ins Badezimmer. Er nimmt ein Bad.
(6) Er geht in ein Restaurant. Er nimmt das Mittagessen ein.
(7) Ich kaufe Kaffee. Ich nehme ihn mit.
(8) Ich gehe in die Wechselstube. Ich löse einen Reisescheck ein.

7. Übersetzen Sie:

(1) We don't want to waste time. (2) We must not sit long. (3) It's your turn now. (4) I dial the number but he doesn't reply. (5) How is business? (6) Please wait at the counter. (7) I have nothing planned for to-day. (8) He doesn't know my address. (9) Have we to queue again? (10) She has been waiting a week for a letter from you. (11) It isn't always so easy. (12) He hands me a letter. (13) Are you going abroad this year? (14) My friend lives abroad now. (15) Where are you lunching to-day? (16) I sometimes see him at the post office. (17) I should like four 25 Pfg. stamps, please. (18) He is not a rich man. (19) Lift the receiver. (20) How is your wife?

8. Übersetzen Sie:

For an Englishman in Germany it is not always very easy, especially at the post office. There are so many counters. Sometimes people [man] wait at the stamp counter to hand in a telegram and waste time by it. In order to ring up a friend one must go into the telephone box, lift the receiver and insert 20 Pfg. Then one dials the number and waits. Sometimes no one replies and then one has to wait and ring later.

For a letter to any town abroad [im Ausland] you [man] need a 40 Pfg. stamp, but a postcard costs only 25 Pfg. The official at the counter for poste restante cannot serve you [Sie] with postage stamps.

EIN BESUCH BEI EINEM FREUND

Während seines Aufenthaltes in Düsseldorf ist Herr Brown jeden Tag sehr beschäftigt, aber abends hat er gewöhnlich Zeit, ins Theater oder ins Kino zu gehen oder vielleicht einen Besuch zu machen. So nimmt er gern eine Einladung von seinem Freund, Herrn Scholz, an, ihn und seine Gattin in ihrer Wohnung etwas ausserhalb der Stadt zu besuchen. Gegen sieben Uhr abends steigt er also in die Strassenbahn ein und steigt eine Viertelstunde später in der Nähe der Strasse aus, wo Herr und Frau Scholz wohnen.

Herrn Scholz kennt er schon lange, aber die Gattin seines Freundes soll er erst heute kennen lernen. Er findet das Haus ohne Schwierigkeit, geht an die Tür und sieht rechts neben der Schelle ein Schild mit dem Namen Scholz. Daneben steht: Bitte, dreimal schellen. Offenbar wohnen mehrere Familien in dem Hause. Herr Brown schellt also dreimal, wartet einen Augenblick, hört dann den Summer, drückt die Türklinke, und die Tür geht sofort auf. Er geht hinein und auf der Treppe kommt Herr Scholz ihm entgegen. Herr und Frau Scholz wohnen nämlich im zweiten Stock.

Die Wohnungstür ist schon auf, und im Flur wartet Frau Scholz. Herr Scholz stellt ihr seinen Freund vor und bittet ihn abzulegen. Dann führen sie ihn in das Wohnzimmer. Dort nehmen alle drei Platz, und Herr Scholz bietet seinem Gast eine Zigarre an. Frau Scholz raucht eine Zigarette. Das Abendessen nimmt man erst später ein, denn sie erwarten auch einen Bruder von Frau Scholz, aber wegen einer Geschäftsreise nach Köln kommt er erst um acht Uhr. So plaudern sie gemächlich eine halbe Stunde lang. Schliesslich erscheint auch der Schwager des Hausherrn, und sie gehen dann alle vier zu Tisch.

VOKABELN

der **Besuch,** visit
die **Einladung,** invitation

das **Theater,** theatre
der **Gatte** (*Acc.* **-n**), husband

die **Gattin,** wife

die **Viertelstunde,** quarter of an hour

die **Schelle,** electric bell

die **Familie** (*Plural* **-n**), family

der **Augenblick,** moment

die **Türklinke,** door handle

das **Wohnzimmer,** living-room, parlour

die **Zigarre,** cigar

der **Schwager,** brother-in-law

das **Viertel,** quarter

die **Schwierigkeit,** difficulty

das **Schild,** name-plate, sign-board

das **Haus,** house

der **Summer,** buzzer

der **Flur,** entrance hall

der **Gast,** guest

der **Bruder,** brother

der **Hausherr,** master of the house

während, during

ausserhalb, outside

dreimal, three times

mehrere, several

gemächlich, comfortably

beschäftigt, busy

erst, only, not until

offenbar, obviously

wegen, because of

annehmen (er nimmt ... an), to accept

aussteigen (*sep.*), to get out

hören, to hear

entgegenkommen (*sep.*), to come towards

ablegen (*sep.*), to take off one's coat

erscheinen, to appear, to arrive

einsteigen (*sep.*), to get in

schellen, to ring

drücken, to press

aufgehen (*sep.*), to open (*intrans.*)

vorstellen (*sep.*), to introduce

anbieten (*sep.*), to offer

ZUM LERNEN

Ich gehe *ins* Kino.	I go to the cinema.
Ich bin *im* Kino.	I am at the cinema.
(*Cf.* **ins Theater, im Theater, ins Konzert, im Konzert.**)	
gegen **sieben Uhr**	about seven o'clock
erst heute	not until to-day
erst um acht Uhr	not until eight o'clock
eine halbe Stunde lang	for half an hour
Ich lerne ihn kennen.	I get to know him. (I make his acquaintance.)
Ich soll ihn heute kennen lernen.	I am to make his acquaintance to-day.
Sie gehen zu Tisch.	They take their seats at table (for a meal).

GRAMMATIK

1. *The Genitive Case*

The genitive case is used to indicate possession and frequently expresses the English *of the, of a,* etc.   There is no *'s* to show possession as in English.

Masculine	*Feminine*	*Neuter*
des Bruders	**der** Familie	**des** Hauses
eines Mann(e)s	**einer** Dame	**eines** Buch(e)s

e.g. my friend's house **das Haus *meines* Freundes**
this man's wife **die Frau *dieses* Mannes**

2. Masculine nouns such as **Herr, Löwe** and **Buchstabe,** which add **n** in the accusative and dative singular, add **n** instead of **s** in the genitive singular.   (*N.B.* **Name:** genitive —**des Namens.**)

e.g. **die Zeitung *dieses* Herrn**

3. The following are among the more important pre·ositions governing the genitive case:

während	during
wegen	on account of, because of
trotz	in spite of
ausserhalb	outside (on the outside of)
innerhalb	inside (on the inside of), within
statt	}instead of
anstatt	

4. The separable prefixes **hin** and **her.**

(*a*) The prefixes **hin** and **her** are used with verbs of motion where **her** expresses movement towards and **hin** movement away from the speaker:

e.g. **Er kommt von der Stadt *her*.**
Er geht zum Bahnhof *hin*.

(*b*) They are frequently combined with other prefixes in verbs of motion, especially with **ein** and **aus.**

e.g. **Er geht in das Zimmer *hinein*.**
Er kommt aus dem Zimmer *heraus*.

(*c*) They are also combined with the words **da** and **wo** along with verbs of motion:

e.g. **Er geht** *dahin.*   He is going there.
Wohin **geht er?**   Where is he going?
Er kommt *daher.*   He comes from there.
Woher **kommt er?**   Where does he come from?

EIN GESPRÄCH

HERR SCHOLZ: Darf ich vorstellen? Herr Brown. Meine Frau.

HERR BROWN: Sehr angenehm.

FRAU SCHOLZ: Guten Abend. Legen Sie bitte ab!

HERR SCHOLZ: So! Kommen Sie bitte herein! Nehmen Sie Platz! Darf ich Ihnen eine Zigarre anbieten?

HERR BROWN: Vielen Dank. Ich bin so frei.

FRAU SCHOLZ: Mit dem Essen müssen wir vorläufig noch etwas warten. Wir erwarten nämlich meinen Bruder, und er kann leider erst um acht kommen. Meinen Bruder kennen Sie schon, wie ich höre.

HERR BROWN: O ja. Wir kennen uns schon seit einigen Jahren. Es ist nett, dass er kommt.

HERR SCHOLZ: Wir sehen ihn leider sehr selten. Er ist dauernd unterwegs. Heute hat er in Köln zu tun. Er ist also ausnahmsweise mal nicht sehr weit weg.

FRAU SCHOLZ: Wie gefällt es Ihnen denn hier in Düsseldorf, Herr Brown?

HERR BROWN: Es gefällt mir sehr gut, danke. Ich komme immer wieder gern nach Düsseldorf. Nur eins gefällt mir nicht.

FRAU SCHOLZ: Sie meinen sicherlich den Verkehr? Das hört man heutzutage von jedem Engländer.

HERR BROWN: Ja. Nehmen Sie es mir bitte nicht übel, aber ich finde den Lärm von den Autos und vor allem von den Motorrädern geradezu fürchterlich.

HERR SCHOLZ: Da haben Sie vollkommen recht. Das fällt sogar mir manchmal auf die Nerven, und ich bin schliesslich schon daran gewöhnt.

FRAU SCHOLZ: Ja, der Lärm ist furchtbar. Man sieht heute viel mehr Autos auf der Strasse als vor dem Kriege.

HERR SCHOLZ: Noch schlimmer als der Lärm sind die vielen Unfälle.

HERR BROWN: Das glaube ich. Ich wage manchmal kaum über die Strasse zu gehen.

FRAU SCHOLZ: Mir geht's genau so. Die Autofahrer nehmen leider nicht viel Rücksicht auf Fussgänger. In England ist es wohl anders, oder sind dort die Autofahrer genau so rücksichtslos?

HERR BROWN: Nein, bei uns ist es, Gott sei Dank, nicht so schlimm. In England passieren allerdings auch viele Unfälle, aber doch nicht so viele wie hier in Deutschland, glaube ich.

HERR SCHOLZ: Ja, wissen Sie, das Leben in England ist überhaupt viel ruhiger. Das weiss ich von meinem Aufenthalt drüben.

HERR BROWN: Andererseits hat das Leben in Deutschland manchen Vorteil. Ich denke vor allem an die Cafés und Restaurants.

HERR SCHOLZ: Das stimmt auch. In dieser Beziehung können Sie noch viel von uns lernen, glaube ich.

HERR BROWN: Das gebe ich gern zu. Fast jeder Ausländer findet bei uns die Kost sehr langweilig und etwas geschmacklos. In Deutschland schmeckt es mir besser, das muss ich sagen.

FRAU SCHOLZ: Da schellt es wieder. Das ist sicherlich mein Bruder. Entschuldigen Sie bitte einen Augenblick.

HERR BROWN: Bitte schön.

VOKABELN

der **Lärm,** noise
das **Motorrad** (*Plural* **-räder**), motor-cycle
der **Unfall** (*Plural:* **Unfälle**), accident
der **Autofahrer** (*Plural* **-**), motorist
das **Leben,** life
das **Café** (*Plural* **-s**), café
die **Kost,** food, diet

das **Auto** (*Plural* **-s**), motor-car
der **Krieg,** war
die **Rücksicht,** consideration
der **Fussgänger** (*Plural* **-**), pedestrian
der **Vorteil,** advantage
die **Beziehung,** respect, connection

angenehm, pleasant
einige, some, a few

frei, free
dass, that (*conj.*)

selten, seldom, rarely

ausnahmsweise, by way of exception

sicherlich, doubtless, surely

geradezu, absolutely, positively

vollkommen, completely, perfectly

furchtbar, terrible

kaum, scarcely, hardly

rücksichtslos, inconsiderate

ruhiger, quieter, calmer

andererseits, on the other hand

geschmacklos, tasteless

gefallen (er gefällt—*dative*), to please

wagen, to dare

lernen, to learn

entschuldigen, to excuse

dauernd, everlastingly, constantly

weg, away

heutzutage, nowadays

fürchterlich, terrible

gewöhnt, accustomed

schlimmer, worse

anders, different

überhaupt, altogether

drüben, over there

langweilig, boring, tedious

fallen (er fällt), to fall

passieren, to happen

schmecken, to taste

zugeben (gibt ... zu), to admit

ZUM LERNEN

Darf ich vorstellen?	May I introduce you?
Sehr angenehm.	Pleased to meet you. (How do you do?)
Ich bin so frei.	I'm taking the liberty (of taking one).
Wir kennen uns schon seit einigen Jahren.	We've known each other for some years.
Er ist dauernd unterwegs.	He's always on the move (away from home).
ausnahmsweise mal	for once in a way; for a change
Wie gefällt es Ihnen?	How do you like it?
immer wieder	again and again
Nehmen Sie es mir bitte nicht übel.	Please don't be offended.
Da haben Sie vollkommen recht.	You are quite right.
Es fällt mir auf die Nerven.	It gets on my nerves.
Ich bin schliesslich schon daran gewöhnt.	After all I'm used to it.
Mir geht's genau so.	It's just the same with me.

Sie nehmen nicht viel Rück-sicht *auf* **ihn.**	They don't show much con-sideration for him.
Ich denke *an* **die Cafés.**	I am thinking of the cafés.
vor allem	above all
Das stimmt auch.	You are right there.
Es schmeckt mir besser.	I enjoy my food better.

AUFGABEN

1. Beantworten Sie folgende Fragen:

(1) Wohin geht Herr Brown manchmal abends? (2) Von wem bekommt er eine Einladung? (3) Wo liegt die Wohnung der Familie Scholz? (4) Wie lange fährt Herr Brown mit der Strassenbahn? (5) Was steht auf dem Schild neben der Schelle? (6) Wo nimmt Herr Scholz ihm entgegen? (7) In welchem Stock wohnen Herr und Frau Scholz? (8) Wer wartet im Flur? (9) Wohin führt Herr Scholz seinen Gast? (10) Was bietet er ihm an? (11) Wen erwartet Familie Scholz noch? (12) Warum kommt dieser Gast erst später? (13) Was gefällt Herrn Brown in Düsseldorf nicht? (14) Was ist noch schlimmer als der Lärm von den Autos? (15) Was findet Herr Brown in Deutschland besonders gut?

2. Ergänzen Sie:

(1) Kennen Sie d— Bruder dies— Dame? Nein, ich kenne — nicht.

(2) D— Wohnung d— Familie Scholz kann ich leider nich t finden.

(3) Wir dürfen nicht über d— Strasse gehen, denn ei— Auto kommt.

(4) Wegen d— Verkehr— gehe ich nicht gern in d— Stadt.

(5) Wir müssen mehr Rücksicht auf Ih— Freund nehmen.

(6) In dies— Beziehung hat jed— Ausländer recht.

(7) Was wissen Sie von mei— Aufenthalt in England?

(8) Er spricht mit d— Gattin dies— Herr—.

(9) Er wohnt jetzt etwas ausserhalb d— Stadt.

(10) Trotz jed— Schwierigkeit will ich mei— Zug erreichen.

3. Übersetzen Sie:

My friend's brother-in-law; your wife's motor-car; the door of this house; because of this advantage; during my stay in Germany; every foreigner's name; the entrance hall of our flat; on the inside of this restaurant; in spite of the Government; this gentleman's life.

4. Geben Sie die richtige Form des Verbs:

(1) Herr Ziegel [annehmen] unsere Einladung nicht.
(2) Er [aussteigen] aus seinem Auto.
(3) Wir [einsteigen] in den Zug.
(4) Wer [entgegenkommen] uns jetzt?
(5) Ich [hinaufgehen] die Treppe und [schellen].
(6) Er [hineintreten] in das Zimmer.
(7) Frau Scholz [herunterkommen] die Strasse.
(8) Das Leben in dieser Stadt [gefallen] mir gar nicht.
(9) Er [zugeben] es leider nicht.
(10) Das Essen (schmecken) mir sehr gut.
(11) Dann [herunterfallen] er die Treppe.
(12) Was [passieren] uns dann?

5. Übersetzen Sie:

(1) Have you your brother's book? (2) Mr Scholz is coming instead of his wife. (3) I am thinking of him. (4) How does he like it in England? (5) The gentleman is quite right. (6) We are not used to it. (7) This driver shows no consideration for pedestrians. (8) Are you going to the cinema this week? (9) You must make his acquaintance at once. (10) Nothing happens to us.

6. Ergänzen Sie durch ein passendes Verbum:

(1) Sie müssen mehr Rücksicht auf Ihre Frau —. (2) Dieser Lärm — mir auf die Nerven. (3) Er — es mir gar nicht übel. (4) Jetzt — wir zu Tisch. (5) Er sagt das auch, aber es — nicht. (6) — Sie die Einladung nicht an! (7) Uns — es genau so. (8) Ich kann nicht essen. Es — mir gar nicht. (9) Kommen Sie herein und — Sie ab! (10) Er geht an die Tür und — .

7. Ergänzen Sie durch eine passende Präposition:

(1) Gehen Sie heute — das Konzert? (2) Mein Gast kommt erst — acht Uhr. (3) — des Lärms gefällt es mir gut hier. (4) Die Strasse finden wir sicherlich — Schwierigkeit. (5) Jetzt können wir — Tisch gehen. (6) Wir kennen uns schon — vielen Jahren. (7) Er denkt wohl — seine Frau. (8) Er wohnt etwas — der Stadt. (9) — das Leben in Deutschland ist sie schon gewöhnt. (10) — der Kontrolle wartet der Zug eine halbe Stunde an der Grenze.

8. Übersetzen Sie:

To-day I have an invitation from my friend Scholz. He expects me about eight o'clock, but I have to go there somewhat later, for I have much to do at home. I do not know his wife at all, but I am to make her acquaintance also to-day. Mr and Mrs Scholz have a flat on the outskirts of the town. I get into the tram-car at eight o'clock and alight in the vicinity of a church. I have their address and I soon find the house. I go to the door and ring. I have to ring three times, for several families live in this house. Then I hear the buzzer, press the door-handle and the door opens. Mr Scholz is waiting on the stairs and in the entrance hall his wife comes towards us. She asks me to take off my coat, and then I go into the parlour. There I take a seat and Mr Scholz offers me a cigar. I do not accept it, however, for I do not smoke. He is not offended, but he smokes a cigar and his wife accepts a cigarette from him. We sit in the parlour and chat for an hour.

WIEDERHOLUNG

1. Schreiben Sie ein Gespräch unter dem Titel:
   (a) Auf dem Verkehrsamt.
   (b) Am Hotelempfang.
   (c) Am Schalter für postlagernde Briefe.

2. Ergänzen Sie durch ein passendes Verbum:
   (1) Ich — den Hörer ab, — die Nummer und Frau Scholz — sich.
   (2) Herr Scholz — in sein Auto ein.
   (3) Ich — meinen Freund um eine Zigarette.
   (4) Er — seinem Bruder eine Zigarette an.
   (5) Ich — zu Mittag in einem Restaurant.
   (6) Er — die Türklinke, und die Tür — auf.
   (7) Wir — heute einen Gast aus Deutschland.
   (8) Ich — Ihren Freund, aber ich — seine Adresse nicht.
   (9) Herr Brown — einen Reisescheck ein.
   (10) Mir — es auch so.

3. Ergänzen Sie:
   (1) D— Verkehr in unse— Stadt gefällt dies— Ausländer nicht.
   (2) D— Bruder dies— Dame ist d— Schwager dies— Herr—.
   (3) Ohne d— Hilfe mei— Bruder— kann ich d— Brief an mei— Freund nicht schreiben.
   (4) Gegenüber d— Rathaus steht ei— Kirche.
   (5) Aus d— Café kommt ei— Kellner. Er arbeitet in d— Café.
   (6) Herr Scholz geht mit sei— Frau auf d— Bahnhof.
   (7) Sie müssen ausserhalb d— Zimmer— warten.
   (8) Anstatt d— Geld— bekommt er ei— Buch.
   (9) Trotz d— Kontrolle an d— Grenze nimmt er viel Kaffee mit.
   (10) Nach d— Mittagessen gehe ich heute in d— Kino.
   (11) Mei— Anzug hängt in d— Kleiderschrank, aber meine Schuhe stehen vor d— Tür.
   (12) Legen Sie Ih— Buch und Ih— Zeitung auf d— Tisch!

4. Übersetzen Sie:

With your wife; during the year; after you; from me; in spite of his example; out of the bathroom; opposite her; because of the war; for him; since that day.

5. Geben Sie die richtige Form des Verbs:

(1) Ich [aufstehen] immer früh. (2) Er [anrufen] mich nicht mehr. (3) [Hineingehen] Sie in die Telefonzelle? (4) Er [nachschlagen] die Nummer im Telefonbuch. (5) Vielleicht [zugeben] Ihr Bruder das nicht. (6) Herr Brown [telefonieren] nach Bonn. (7) Er [eintreten] in das Hotel. (8) Frau Scholz [entgegenkommen] uns schon. (9) Er [herauskommen] aus seinem Zimmer. (10) Das Buch [gefallen] mir sehr gut.

6. Ergänzen Sie durch eine passende Präposition:

(1) Der Portier führt den Herrn — sein Zimmer. (2) Er warte — uns. (3) — welchem Preis darf es sein? (4) Bitten Sie ihn — das Geld. (5) — der Ankunft in Köln müssen wir unser Hotel aufsuchen. (6) Fahren Sie — der Strassenbahn oder — dem Zug? (7) — wieviel Uhr kommen Sie? (8) Ich muss — die Post gehen. (9) Wann kommen Sie — die Reihe? (10) Der Mann fällt mir — die Nerven.

7. Ersetzen Sie die unterstrichenen Wörter durch Pronomina:

(1) Er gibt seinem Bruder die Zeitung. (2) Er gibt seinem Bruder die Zeitung. (3) Er gibt seinem Bruder die Zeitung. (4) Sie zeigt mir das Hotel. (5) Der Gepäckträger zeigt dem Engländer den Fahrplan. (6) Der Gepäckträger zeigt dem Engländer den Fahrplan. (7) Ich gehe mit meiner Frau ins Kino. (8) Ich denke schon an die Reise. (9) Warten Sie auf den Brief? (10) Meine Schuhe liegen unter dem Tisch. (11) Ich gehe mit Herrn und Frau Scholz in die Stadt. (12) Ich lerne durch sein Beispiel.

8. Bilden Sie Sätze mit *um . . . zu . . .*:

(1) Ich gehe auf die Post. Ich kaufe Briefmarken.
(2) Ich suche meinen Fahrplan. Ich schlage einen Zug nach.
(3) Ich suche meinen Schlafrock. Ich ziehe ihn an.
(4) Er geht ans Telefon. Er telefoniert nach Köln.
(5) Er will hier bleiben. Er arbeitet eine halbe Stunde lang.
(6) Ich gehe an den Schalter. Ich gebe ein Telegramm auf.
(7) Ich besuche meinen Freund. Ich plaudere mit ihm.
(8) Ich schlage die Nummer nach. Ich kann sie dann wählen.
(9) Ich möchte Sie besuchen. Ich lerne Ihre Gattin kennen.
(10) Der Beamte kommt an den Schalter. Er bedient mich.

9. Übersetzen Sie:

(1) Will you please let him know? (2) The visitors' advice bureau supplies information about it. (3) How do you get to the station, please? (4) The station is not far from the centre of the town. (5) Are you going there now? (6) Do you know these people personally? (7) My room is quite nicely furnished. (8) Are you going to bed now? (9) He gets up very early, doesn't he? (10) I should like ten 25 Pfg. stamps, please. (11) Just a moment, please! (12) Would you be good enough to give me an answer? (13) How many nights are you staying? (14) The lift stops on the third floor. (15) Would you like anything else? (16) Please fill up the registration form. (17) It is to be hoped you haven't to wait for nothing. (18) Where are you lunching to-day? (19) It's all the same to me. (20) Beg pardon?

IM CAFÉ

Gestern nachmittag klingelte das Telefon in der Wohnung der Familie Scholz. „Das ist bestimmt Frau Brüggemann" dachte Frau Scholz. Sie hatte auch recht, denn ihre Freundin Frau Brüggemann war tatsächlich am Telefon. Frau Scholz erkannte sofort die Stimme ihrer Freundin und lachte, denn sie wusste ganz genau, was Frau Brüggemann wollte. Das war jeden Mittwoch so. Frau Scholz und Frau Brüggemann pflegten nämlich einen Spaziergang durch die Stadt zu machen und kehrten nachher immer in irgend einem Café in der Königsallee ein. Wegen ihres Cafélebens ist die Königsallee in Düsseldorf berühmt.

Jedenfalls machte Frau Scholz die übliche Verabredung mit Frau Brüggemann, und die beiden Damen bummelten durch die Stadt, machten ein paar Einkäufe und kehrten schliesslich in einem Café ein, um eine Tasse Kaffee zu trinken und ein Stück Kuchen zu essen.

Das Café war ziemlich voll, denn in der Königsallee ist immer viel Betrieb. Die Damen wählten zuerst an der Theke ein Stück Kuchen und suchten dann einen Tisch in einer Ecke des Cafés. Eine Kellnerin brachte ihnen ihre Obsttorte mit Sahne, und die Damen bestellten beide ein Kännchen Kaffee dazu. Wie immer, war es sehr schön im Café. Auf einem Podium spielte ein Orchester, man plauderte über alles mögliche und Kaffee und Kuchen schmeckten wirklich wunderbar. Nach einem Stadtbummel bei heissem Wetter hatte man so etwas bestimmt nötig. Der Nachmittag war leider nur zu schnell zu Ende.

VOKABELN

der **Nachmittag,** afternoon
die **Stimme,** voice
der **Spaziergang,** walk
die **Einkäufe** (*Plural*), purchases

die **Freundin,** lady friend
der **Mittwoch,** Wednesday
die **Verabredung,** arrangement
der **Kuchen,** cake

die **Theke,** counter
das **Obst,** fruit
die **Sahne,** cream
das **Podium,** platform
der **Bummel,** stroll
das **Ende,** end

gestern, yesterday
nachher, afterwards
üblich, usual
wunderbar, wonderful
nötig, necessary

klingeln, to ring

erkennen (*Imperf.* **erkannte**), to recognise
wissen (*Imperf.* **wusste**), to know
einkehren (*sep.*), to enter (an inn for a drink)
trinken, to drink

bestellen, to order

die **Kellnerin,** waitress
die **Torte,** flan, cake, tart
das **Kännchen,** small jug
das **Orchester,** orchestra
das **Wetter,** weather

tatsächlich, in fact, actually
berühmt, famous
beide, both
heiss, hot

denken (*Imperf.* **dachte**), to think
lachen, to laugh

pflegen, to be in the habit

bummeln, to stroll

bringen (*Imperf.* **brachte**), to bring
spielen, to play

ZUM LERNEN

Sie hatte auch recht.	She was right too.
Sie wusste ganz genau . . .	She knew exactly . . .
jeden Mittwoch	every Wednesday
Man kehrt in einem Café (einer Wirtschaft) ein.	One goes into a café (an inn) for a drink.
berühmt *wegen*	famous *for*
jedenfalls	at any rate
alles mögliche	all kinds of things
bei **heissem Wetter**	*in* hot weather
Sie haben es nötig.	They need it.
zu Ende	at an end, over, finished

GRAMMATIK

The Imperfect Tense

(a) The imperfect tense, used to express the English forms *I did, I was doing,* is in the case of weak verbs formed by adding to the stem the following endings:

machen (*to do, to make*)	**arbeiten** (*to work*)
ich **mach-te**	ich **arbeit-ete**
Sie **mach-ten**	Sie **arbeit-eten**
er sie es man ⎱ **mach-te**	er sie es man ⎱ **arbeit-ete**
wir **mach-ten**	wir **arbeit-eten**
Sie **mach-ten**	Sie **arbeit-eten**
sie **mach-ten**	sie **arbeit-eten**

N.B.—Where the stem ends in **d** or **t** (*cf.* **arbeiten, reden**) **ete**, etc. is added.

(*b*) There are a number of irregular weak verbs, whose imperfect should be carefully noted. Examples occurring in this lesson are:

(**er**)**kennen** —	(**er**)**kannte**
denken —	**dachte**
wissen —	**wusste**
bringen—	**brachte**

The irregularities occur only in the change of stem, not in the endings. Thus **bringen** is conjugated:

ich **brachte**
Sie **brachten**
er **brachte**

and so on.

(*c*) The verbs **sein** and **haben** should be noted separately as being quite irregular:

sein (*to be*)	**haben** (*to have*)
ich **war**	ich **hatte**
Sie **waren**	Sie **hatten**
er sie es man ⎱ **war**	er sie es man ⎱ **hatte**
wir **waren**	wir **hatten**
Sie **waren**	Sie **hatten**
sie **waren**	sie **hatten**

(*d*) Where it is wished to emphasise that an action in the

past was habitual (English: *used to do, was in the habit of doing*) the imperfect tense of the verb **pflegen** may be used:

e.g. **Er** *pflegte* **mich jeden Tag zu besuchen.**
He used to visit me every day.

(*e*) The modal auxiliaries drop the Umlaut (modification mark) in the imperfect. Otherwise, with the exception of **mögen** (*Impf.* **mochte**), they form their imperfect regularly:

e.g. ich **konnte**   ich **durfte**   ich **musste**

EIN GESPRÄCH

FRAU SCHOLZ: Ich finde immer, man sitzt hier so schön.

FRAU BRÜGGEMANN: Ja.   Man sitzt nicht nur sehr bequem, sondern man hat auch eine sehr schöne Aussicht auf die Strasse und auf die Anlagen.

FRAU SCHOLZ: Deswegen komme ich immer so gern hierher. Der Kaffee schmeckt mir auch irgendwie besser als anderswo.

FRAU BRÜGGEMANN: Ja, wissen Sie, ich war vorgestern im Café Rheinblick.   Da kostet eine Tasse Kaffee auch 6o Pfg., und der Kaffee war bei weitem nicht so gut wie hier.

FRAU SCHOLZ: Das glaube ich schon.   Einen so guten Kaffee bekommt man auch selten.   War eigentlich viel Betrieb im Café Rheinblick?

FRAU BRÜGGEMANN: Doch.   Unten am Rhein ist immer viel los.   Das kann ich auch verstehen, denn schliesslich sitzt man auch sehr schön da am Wasser, und da gibt es auch etwas zu sehen.

FRAU SCHOLZ: Da kommt endlich unsere Kellnerin.

KELLNERIN: Entschuldigen Sie!   Sie mussten wieder so lange warten.   Das ist heute ein Betrieb!

FRAU SCHOLZ: Das war nicht schlimm.   Man hat ja Zeit.

KELLNERIN: Was darf ich Ihnen nun bringen?

FRAU SCHOLZ: Zwei Kännchen Kaffee, Fräulein.   Kuchen wollen wir inzwischen selber aussuchen.

(An der Theke)

FRAU BRÜGGEMANN: Was soll ich nun nehmen?   Nusstorte, Obstsalattorte?   Ich weiss es wirklich nicht.   Wer die

Wahl hat, hat die Qual. Das ist wirklich wahr. Also, ich nehme ein Stück Pfirsichtorte und eine Meringe.

FRÄULEIN (*hinter der Theke*): Beides mit Sahne?

FRAU BRÜGGEMANN: Nein, Sahne nur bei der Obsttorte.

FRAU SCHOLZ: Und ich nehme ein Stück Obstsalattorte und einen Bienenstich.

FRÄULEIN: Wollen Sie auch Sahne mit der Obsttorte?

FRAU SCHOLZ: Ja, bitte.

(*Am Tisch*)

FRAU SCHOLZ: Waren Sie gestern Abend im Konzert? Ich wollte so gern hingehen, aber ich konnte leider nicht. Wir hatten Besuch.

FRAU BRÜGGEMANN: Ja, mein Mann und ich waren beide da. Das Orchester war ganz ausgezeichnet.

FRAU SCHOLZ: Und wie war der Pianist? Er spielte doch das Klavierkonzert No. 3 von Beethoven, oder nicht?

FRAU BRÜGGEMANN: Doch. Das war auch ganz schön.

FRAU SCHOLZ: Nächste Woche gehen wir übrigens in die Oper. Karten haben wir schon.

FRAU BRÜGGEMANN: Wie schön! Da gehe ich auch immer so gern hin.

FRAU SCHOLZ: Da kommt unser Fräulein. Ich denke, wir müssen bald gehen. Sollen wir zahlen?

FRAU BRÜGGEMANN: Ja. Ich muss um fünf schon zu Hause sein. Die Zeit geht so schnell vorbei!

FRAU SCHOLZ: Ja, leider. Fräulein! Zahlen, bitte!

KELLNERIN: Zwei Kännchen Kaffee. Das macht zwei Mark vierzig. Und der Kuchen. Zweimal mit Sahne, nicht wahr? Das macht im ganzen fünf Mark und achtzig Pfennig. Sechs Mark und vierzig Pfennig mit Bedienung. Ich danke vielmals. Auf Wiedersehen.

VOKABELN

die **Aussicht,** view, outlook	die **Anlagen,** grounds, park
der **Blick,** view, glance	das **Wasser,** water
die **Nuss,** nut	der **Salat,** salad
der **Obstsalat,** mixed fruit salad	die **Wahl,** choice
die **Qual,** torment	der **Pfirsich,** peach

die **Meringe,** meringue

der **Pianist** (*Acc.* **—en**), pianist

die **Oper,** opera

das **Fräulein,** young lady, Miss (form of address for waitress)

der **Bienenstich,** a kind of vanilla slice (*literally:* bee's sting)

das **Klavierkonzert,** piano concerto

die **Karte** (*Plural:* **Karten**), ticket

die **Bedienung,** service

irgendwie, somehow (or other)

doch, oh yes
wahr, true

übrigens, incidentally, by the way

vorgestern, the day before yesterday
unten, down, down there
ausgezeichnet, excellent, first-rate
achtzig, eighty

aussuchen, to select, to choose
vorbeigehen (*sep.*), to pass

zahlen (**bezahlen**), to pay

ZUM LERNEN

eine schöne Aussicht *auf* **die Strasse**	a fine view *of* the street
bei weitem nicht so gut	by no means as good
Da ist immer viel los.	There's always plenty going on there.
Wer die Wahl hat, hat die Qual.	He who has the choice has the torment.
Wir haben Besuch.	We have visitors.
Ich danke vielmals.	I thank you very much.

AUFGABEN

1. Beantworten Sie folgende Fragen:

(1) Mit wem bummelte Frau Scholz gestern durch die Stadt? (2) Was wollten sie im Café tun? (3) Wo wählten sie zuerst ihren Kuchen? (4) Wo suchten sie einen Tisch? (5) Wer brachte ihren Kaffee und Kuchen? (6) Warum konnte Frau Scholz nicht ins Konzert gehen? (7) Wo geht sie nächste Woche hin? (8) Wann musste Frau Brüggemann zu Hause sein? (9) Was kostete ein Kännchen Kaffee? (10) Wieviel bezahlten sie im ganzen? (11) Was zahlten die Damen für die Bedienung?

2 Wiederholen Sie [*Repeat*] im Imperfekt:

(1) Er hat kein Geld mehr. (2) Sie bringen mir Obst und Kuchen. (3) Das Konzert ist wirklich ausgezeichnet. (4) Ich muss immer mitgehen. (5) Kennen Sie meinen Schwager noch nicht? (6) Sie redet leider zu viel. (7) Den Kuchen suchen wir selber aus. (8) Der Zug wartet nicht auf uns. (9) Die Adresse weiss ich nicht. (10) Was denken Sie von mir? (11) Meine Frau darf nicht so viel Kaffee trinken. (12) Er mag nicht ins Kino gehen.

3. Ergänzen Sie:

(1) Sie geht an d— Theke, um d— Kuchen auszusuchen. (2) Jed— Mittwoch gehen wir in d— Stadt, um Einkäufe zu machen. (3) Bei heiss— Wetter sitze ich nicht gern in dies— Café. (4) Ich erkannte sofort d— Stimme mei— Frau. (5) Auf d— Podium spielte d— Orchester. (6) Heute machen wir ei— Spaziergang durch d— Stadt. (7) Wir plauderten über alles Möglich—. (8) Endlich bringt d— Kellner mei— Obsttorte und mei— Kaffee. (9) Dies— Restaurant ist berühmt wegen sei— Orchester—. (10) Nach unse— Spaziergang trinken wir immer gern ei— Tasse Kaffee. (11) Man hatte noch kei— Karte für d— Konzert. (12) D— Aussicht auf d— Rhein von dies— Café ist berühmt.

4. Übersetzen Sie:

(1) I had no money. (2) He brought his brother the book. (3) We ordered coffee and cake. (4) I recognised him immediately. (5) Yesterday we did some shopping (*i.e.*, made some purchases). (6) What did you think? (7) He did not laugh. (8) My brother knew the answer. (9) I did not know them. (10) She was smoking a cigarette. (11) He used to go every day to the cinema. (12) The evening was soon over.

5. Ergänzen Sie durch eine passende Präposition:

(1) Vielleicht gehe ich morgen — die Oper. (2) Der Kuchen ist — weitem nicht so gut wie der Kaffee. (3) Die Aussicht — die Anlagen gefällt mir besonders gut. (4) Das Konzert ist noch nicht — Ende. (5) — diesem Wetter mache ich keine Verabredung — meinem Freund. (6) Dieses Café ist — seiner Sahne sehr berühmt. (7) Haben Sie schon Karten — das Theater? (8) Wir plauderten — unsere Reise nach Deutschland. (9) Sie müssen selber — die Theke gehen. (10) Ich esse sehr gern Pfirsichtorte — Sahne.

6. Ergänzen Sie durch ein passendes Verbum:

(1) Das Orchester — gestern nicht sehr gut. (2) Vor dem

Kriege — wir immer viel Besuch. (3) Ich wollte es schon tun, aber ich — es leider nicht. (4) Die Kellnerin brachte unseren Kuchen und dann — wir ein Kännchen Kaffee. (5) Ich wartete ein paar Minuten, und dann — mich der Portier auf mein Zimmer. (6) Ich hatte keine D-Mark mehr, und deswegen — ich einen Reisescheck ein. (7) Wir machten ein paar Einkäufe, und dann — wir im Café Rheinblick ein. (8) „Das ist meine Freundin" — Frau Scholz, und sie hatte recht.

7. Übersetzen Sie:

Every Wednesday I go to town with my friend Mr Scholz, but yesterday he could not go with me for he was very busy. For that reason I had to go with my wife for a change. Usually she goes with Mr Scholz' wife, but she had to stay at home also. We did some shopping and afterwards we went into a café not far from the Rhine. We ordered coffee and cake, but we had to wait a long time. The waitress had many people to serve, but finally she brought us our coffee.

I like this café very much. It is always very full, and we cannot always find a table in a corner of the café, but the orchestra is very good. From the window one has a very beautiful view of the Rhine. That's why so many people go there.

DIE DEUTSCHE KOST

In Deutschland isst man ganz andere Gerichte als in England. Das Frühstück besteht gewöhnlich aus Kaffee und Brötchen mit Butter und Marmelade. Manche Leute essen auch ein Ei dazu und seltener Wurst oder Käse. In vielen Familien isst man nur sonntags Wurst zum Frühstück. Tee trinkt man morgens fast gar nicht.

Der Deutsche steht im allgemeinen früher auf, als der Engländer, denn sein Arbeitstag fängt früher an. Im Winter fangen die Schulen schon um acht Uhr morgens an, und in einigen Ländern der Bundesrepublik beginnen sie im Sommer schon um sieben. Aus diesem Grunde nehmen viele Leute etwas zu essen mit in die Fabrik oder ins Büro, und die Kinder nehmen auch häufig Butterbrote mit Wurst oder Käse oder hartgekochte Eier mit in die Schule. Dieses zweite Frühstück — es heisst tatsächlich so — nehmen sie um halb elf oder elf Uhr morgens ein.

Die Hauptmahlzeit ist das Mittagessen. In Deutschland legt man sehr viel Wert auf Suppen, und die Hausfrau versucht, ihrer Familie jeden Tag eine andere Sorte vorzusetzen. Die Zubereitung von Gemüse betrachtet sie auch als eine Kunst. Man kennt im allgemeinen mehr Gemüsegerichte als in England. Man kocht, zum Beispiel, Rotkohl und macht eine Sauce dazu. Dagegen macht man aus Weisskohl Sauerkraut. Wirsing isst man auch sehr viel, aber er schmeckt ganz anders als bei uns in England. Von den Fleischsorten ist Schweinefleisch sehr beliebt. Gerichte wie Kasseler Rippespeer, eine Art gepökeltes Schweinefleisch, muss jeder Engländer einmal probieren. Kalbfleisch ist auch sehr beliebt. Wer isst nicht gern Wiener Schnitzel? Koteletten von Schweinefleisch und Kalbfleisch isst der Deutsche überhaupt sehr gern. Als Nachtisch isst man meistens Obst oder Pudding — in England als *blancmange* bekannt — oder manchmal auch Obstpfannkuchen oder Eierkuchen.

Nachmittags, vor allem sonnabends und sonntags, denn

dann ist die ganze Familie meistens zu Hause, trinkt man Kaffee und isst Kuchen dazu. Sehr beliebt sind Pflaumen- und Apfelkuchen oder Kirschtorte. Viele Hausfrauen backen auch Sandkuchen, Marmorkuchen oder Streuselkuchen — eine Art Hefekuchen mit Zucker darauf.

Das Abendessen nimmt man irgendwann zwischen halb sieben und acht Uhr abends — manchmal sogar etwas später — ein. Es besteht oft aus Aufschnitt oder Eiern mit Brat- kartoffeln oder Kartoffelsalat, Heringssalat oder Fleischsalat. Man trinkt Tee, Kaffee, Apfelsaft oder Bier dazu.

Man hat in Deutschland viel mehr Brotsorten als in Eng- land: Weissbrot, Schwarzbrot oder Roggenbrot und sogar auch Graubrot. In einigen Gegenden nennt man das Grau- brot auch Schwarzbrot. Das Roggenbrot ist eigentlich nicht schwarz sondern dunkelbraun. Eine solche Auswahl an Brot kennt man in England nicht.

VOKABELN

das **Gericht** (*Plural:* -e), dish
die **Butter,** butter
das **Ei** (*Plural:* **Eier**), egg
der **Tee,** tea
der **Sommer,** summer
der **Grund,** reason
das **Büro,** office
der **Wert,** value
die **Sorte,** kind, sort

das **Gemüse,** vegetable(s)
der **Kohl,** cabbage
die **Sauce,** sauce
der **Wirsing**(**kohl**), savoy cab- bage
das **Schweinefleisch,** pork

das **Kalbfleisch,** veal

das **Kotelett** (*Plural:* -s & -e) cutlet
der **Pfannkuchen,** pancake
die **Pflaume** (*Plural:* -n), plum
der **Sand,** sand
das **Streusel,** crumbs of any in- gredient
die **Hefe,** yeast, barm

das **Frühstück,** breakfast
die **Marmelade,** jam
der **Käse,** cheese
der **Winter,** winter
die **Schule** (*Plural:* -n), school
die **Fabrik,** factory
die **Mahlzeit,** meal, mealtime
die **Suppe** (*Plural:* -n), soup
die **Zubereitung,** preparation (of food)
die **Kunst,** art
der **Rotkohl,** red cabbage
der **Weisskohl,** white cabbage
das **Fleisch,** meat, flesh

der **Rippespeer,** roast ribs (pork)
das **Wiener Schnitzel,** cutlet of veal fried in bread-crumbs
der **Nachtisch,** dessert

der **Eierkuchen,** omelette
die **Kirsche,** cherry
der **Marmor,** marble
die **Art,** kind

der **Zucker,** sugar

der **Aufschnitt,** sliced meats

die **Bratkartoffel,** fried potato
der **Hering,** herring
der **Saft,** juice
die **Gegend** (*Plural:* **-en**), district

seltener, more seldom, less often
früher, earlier
häufig, frequently, often
elf, eleven
dagegen, on the other hand
gepökelt, pickled
sonnabends, on Saturdays
sogar, even
weiss, white
grau, grey
braun, brown

bestehen (aus), to consist (of)
mitnehmen (er nimmt . . . mit), to take with one
vorsetzen (*sep.*), to set before, to serve
kochen, to cook
backen (er bäckt), to bake

die **Kartoffel** (*Plural:* **-n**), potato
der **Kartoffelsalat,** potato salad
der **Apfel,** apple
der **Roggen,** rye
die **Auswahl,** selection, choice

fast, almost
sieben, seven
hartgekocht, hard-boiled
allgemein, general
beliebt, popular
bekannt, known
sonntags, on Sundays
später, later
schwarz, black
dunkel, dark
solch, such

beginnen, to begin
versuchen, to try

betrachten, to regard

probieren, to try, to test

ZUM LERNEN

ganz andere Gerichte als in England	quite different dishes from what there are in England
im allgemeinen	in general
früher als	earlier than
im Winter (Sommer)	in winter (summer)
aus **diesem Grunde**	for that reason
in **die Schule**	to school
das zweite Frühstück	the second breakfast
Man legt viel Wert *auf* **Suppen.**	One attaches great importance to soups.
Man legt nicht viel Wert *auf den* **Nachtisch.**	One does not attach much importance to the dessert.
Es schmeckt ganz anders als in England.	It tastes quite different from what it does in England.
eine solche Auswahl *an* **Brot**	such a selection of bread

GRAMMATIK

1. *Plurals of Nouns*

From time to time plurals of certain nouns have appeared.
It will have been observed that these plurals vary greatly in
form. They may, however, now be classified as follows:

A. Masculine and neuter nouns form their plurals in four
different ways according to the following groups:

- (*a*) Those adding **n** or **en**. Most masculine, but not neuter,
  nouns of this class add **n** in the accusative, genitive and
  dative singular, though there are a small number of
  exceptions.
- (*b*) Those ending in **el, en** or **er** add nothing to form the
  plural, though some modify the root vowel.
- (*c*) Those adding **e**. These are mostly monosyllabic nouns
  or compounds thereof. A few of the masculines modify
  the root vowel.
- (*d*) Those adding **er** and modifying the root vowel.

(*a*)	**der** Herr	**die** Herren
	der Buchstabe	**die** Buchstaben
	der Gatte	**die** Gatten
	das Bett	**die** Betten
	das Ende	**die** Enden
(*b*)	**der** Apfel	**die** Äpfel
	der Bruder	**die Brüder**
	das Zimmer	**die** Zimmer
	das Bündel	**die** Bündel
(*c*)	**der** Zug	**die Züge**
	der Tag	**die** Tage
	der Brief	**die** Briefe
	der Fahrplan	**die** Fahr**pläne**
	das Brot	**die** Brote
	das Bier	**die** Biere
(*d*)	**das** Haus	**die Häuser**
	das Buch	**die Bücher**
	der Mann	**die Männer**

B. The vast majority of feminine nouns form their plural by
adding **n** or **en**. There are a number of exceptions which are
best learned as they are encountered.

Examples:

die Briefmarke	**die** Briefmarke**n**
die Regierung	**die** Regierung**en**
die Nummer	**die** Nummer**n**

N.B.—Feminine nouns formed by adding **in** to a masculine noun form their plural by adding **nen**.

e.g. **die** Kellnerin	**die** Kellnerin**nen**
die Gattin	**die** Gattin**nen**

Examples of exceptions to the general rule are:

die Nacht	**die Nächte**
die Holzbank	**die Holzbänke**

C.   There are a number of nouns of foreign origin which form their plurals by adding **s**.

Examples:

das Hotel	**die** Hotel**s**
das Café	**die** Café**s**
das Kino	**die** Kino**s**
das Restaurant	**die** Restaurant**s**
der Portier	**die** Portier**s**

Note that nouns indicative of measures of weight, length, etc., and amounts of currency, are not used in the plural, even when the sense is plural:

e.g. **zehn Mark   sechs Pfund   zwei Glas Bier**
hundert Meter

From now on the plural of each new noun will be given as the noun is introduced. The vocabulary at the end of the book also shows the plural of every noun used in the book. When learning the plural of a new noun, it is advisable to allocate it mentally to its particular class. By this means a feeling for noun plurals will gradually be developed.

2. *Declension of Articles and Defining Words in the Plural*

Nom:	**die** Männer	**die** Frauen
Acc.:	**die** Männer	**die** Frauen
Gen:	**der** Männer	**der** Frauen
Dat:	**den** Männer**n**	**den** Frauen

Nom:	**die** Bücher	**die** Kinos
Acc:	**die** Bücher	**die** Kinos
Gen:	**der** Bücher	**der** Kinos
Dat:	**den** Bücher**n**	**den** Kinos

N.B.—In the dative plural the noun always adds **n** unless the plural already ends in **n** or **s**.

The defining words **dieser, jener, welcher** and **mancher** and all the possessive adjectives together with the word **kein** are declined in the plural like the definite article:

Nom: **jene** Kellner   **diese** Nächte   **unsere** Zimmer
Acc: **jene** Kellner   **diese** Nächte   **unsere** Zimmer
Gen: **jener** Kellner   **dieser** Nächte   **unserer** Zimmer
Dat: **jenen** Kellnern   **diesen** Nächten   **unseren** Zimmern

The indefinite article **ein** has no plural form. Thus the plural of **ein Buch** is **Bücher**.

3. *The Cardinal Numerals* (1–100)

1	**eins**	30	**dreissig**
2	**zwei**	40	**vierzig**
3	**drei**	50	**fünfzig**
4	**vier**	60	**sechzig**
5	**fünf**	70	**siebzig**
6	**sechs**	80	**achtzig**
7	**sieben**	90	**neunzig**
8	**acht**	100	**hundert**
9	**neun**		
10	**zehn**	21	**einundzwanzig**
11	**elf**	34	**vierunddreissig**
12	**zwölf**	45	**fünfundvierzig**
13	**dreizehn**	56	**sechsundfünfzig**
14	**vierzehn**	67	**siebenundsechzig**
15	**fünfzehn**	78	**achtundsiebzig**
16	**sechzehn**	82	**zweiundachtzig**
17	**siebzehn**	99	**neunundneunzig**
18	**achtzehn**		
19	**neunzehn**		
20	**zwanzig**		

4. *Time of Day*

For all official purposes and usually when writing the time in figures the Continental 24-hour clock is used.

1 o'clock   **ein Uhr** (1^{00} oder 13^{00})

3 o'clock   **drei Uhr** (3^{00} oder 15^{00})

1.15   **viertel nach eins** (1^{15} oder 13^{15} = ein Uhr fünfzehn oder dreizehn Uhr fünfzehn)

5.15   **viertel nach fünf** (5^{15} oder 17^{15} = fünf Uhr fünfzehn oder siebzehn Uhr fünfzehn)

6.20   **zwanzig (Minuten) nach sechs** (6^{20} oder 18^{20}
          = sechs Uhr zwanzig oder achtzehn Uhr zwanzig)

7.30   **halb acht** (7^{30} oder 19^{30} = sieben Uhr dreissig oder
          neunzehn Uhr dreissig)

8.45   **viertel vor neun oder drei viertel neun** (8^{45}
          oder 20^{45} = acht Uhr fünfundvierzig oder zwanzig
          Uhr fünfundvierzig)

9.50   **zehn (Minuten) vor zehn** (9^{50} oder 21^{50} = neun
          Uhr fünfzig oder einundzwanzig Uhr fünfzig)

10.05   **fünf Minuten nach zehn** (10^{05} oder 22^{05} = zehn
          Uhr fünf oder zweiundzwanzig Uhr fünf)

The adverbial expressions **vormittags** and **nachmittags**
may be used to denote a.m. and p.m. respectively.   Time of
evening may be denoted by **abends** and time of night (*i.e.*,
after midnight), may be denoted by **nachts**.

$N.B.$ — 12^{00} = **Mittag**

0^{00} oder 24^{00} = **Mitternacht**

EIN GESPRÄCH

Frau Scholz: Ach!   Guten Tag, Frau Müller.   Kommen
Sie bitte herein!

Frau Müller: Guten Tag, Frau Scholz.   Ich wollte nur
schnell vorbeikommen.   Ich habe nämlich keine Streichhölzer im Haus und wollte gerade die Suppe aufsetzen.
Ich habe keine Zeit, zum Laden zu gehen, denn das dauert
immer so lange, und es ist schon viertel vor elf.   Können
Sie mir vielleicht ein paar Streichhölzer borgen?

Frau Scholz: Aber natürlich.   Bitte, nehmen Sie die
Schachtel!

Frau Müller: Recht vielen Dank!

Frau Scholz: Wie geht's denn sonst?

Frau Müller: Danke, gut.   Nur habe ich zu viel Arbeit, wie
immer.

Frau Scholz: Ja, ja.   Mir geht's genau so, aber man tut es
doch gern, nicht wahr?

Frau Müller: Eigentlich ja.   Ich bin, Gott sei Dank,
gesund, und das ist die Hauptsache.

Frau Scholz: Was kochen Sie denn heute?

Frau Müller: Heute gibt es Bratwurst mit Wirsing und
Kartoffeln.

FRAU SCHOLZ: Das schmeckt auch gut. Bei uns gibt es Gulasch. Das isst mein Mann immer so gern. Morgen hat er übrigens Geburtstag, und ich will deswegen heute einen Kuchen backen. Dann haben wir morgen nachmittag etwas Feines zum Kaffee. Ich kaufe auch eine Kirschtorte beim Bäcker. Sie waren so lange nicht mehr bei uns. Kommen Sie doch morgen zum Kaffee und bringen Sie Ihren Gatten mit.

FRAU MÜLLER: Herzlich gern. Das ist wirklich nett von Ihnen. Um wieviel Uhr sollen wir denn kommen?

FRAU SCHOLZ: Kaffee trinken wir gegen halb fünf, aber kommen Sie doch etwas früher.

FRAU MÜLLER: Schön. Wieviel Uhr ist es eigentlich jetzt? Schon fünf nach elf! Jetzt muss ich aber endlich nach meiner Suppe sehen. Bis morgen also. Auf Wiedersehen, Frau Scholz.

FRAU SCHOLZ: Auf Wiedersehen, Frau Müller.

VOKABELN

das **Streichholz** (¨er), match
die **Schachtel** (-n), box

die **Bratwurst** (¨e), fried sausage
der **Geburtstag** (-e), birthday

gesund, healthy
herzlich, heartily

vorbeikommen (*sep.*), to come past, to pay a call
borgen, to lend

der **Laden** (¨), shop
die **Hauptsache** (-n), main thing
das **Gulasch,** stewed beef with paprika

fein, fine, delicious

aufsetzen (*sep.*), to put on (to cook)

ZUM LERNEN

Ich wollte nur schnell vorbeikommen.	I just wanted to pay you a hasty visit.
es gibt	there is (are)
Morgen hat er Geburtstag.	It's his birthday to-morrow.
Ich kaufe *beim* Bäcker.	I am buying from the baker.
Herzlich gern.	I should (shall) be very pleased to.

Ich muss *nach* der Suppe sehen.	I must see to my soup.
um wieviel Uhr?	at what time?
gegen vier Uhr	about four

AUFGABEN

1. Beantworten Sie folgende Fragen:

(1) Welche Mahlzeit besteht aus Kaffee und Brötchen? (2) Was essen manche Leute noch dazu? (3) Was trinkt man morgens selten in Deutschland? (4) Um wieviel Uhr fangen im Winter in Deutschland die Schulen an? (5) Um wieviel Uhr fangen sie in England an? (6) Was nehmen die Kinder mit in die Schule? (7) Um wieviel Uhr nimmt man das zweite Frühstück ein? (8) Welche Mahlzeit ist die Hauptmahlzeit? (9) Was macht man in Deutschland aus Weisskohl? (10) Was ist Kasseler Rippespeer? (11) Was für Fleisch isst der Deutsche sehr gern? (12) Was isst man in Deutschland als Nachtisch? (13) Was ist Streuselkuchen? (14) Welches Brot ist dunkelbraun? (15) Warum besucht Frau Müller Frau Scholz? (16) Was gibt ihr Frau Scholz? (17) Was kocht heute Frau Müller? (18) Was isst Herr Scholz immer sehr gern? (19) Was kauft Frau Scholz beim Bäcker? (20) Warum darf Frau Müller nicht lange bleiben?

2. Setzen Sie in den Plural:

(1) Ich mag dieses Gericht nicht. (2) Heute fängt die Schule sehr früh an. (3) Welcher Herr bestellte ein Kotelett? (4) Ich wollte ein Ei essen. (5) In diesem Restaurant schmeckt mir die Suppe nicht sehr gut. (6) Ich möchte gern noch eine Kartoffel haben. (7) Das Bett in meinem Zimmer in diesem Hotel ist nicht sehr bequem. (8) Die Gattin meines Bruders ist meine Schwägerin. (9) Diese Kellnerin arbeitet in jenem Café. (10) Ein Butterbrot mit Käse isst mancher Engländer sehr gern.

3. Ergänzen Sie durch eine passende Präposition:

(1) — welchem Grunde gehen Sie nicht mit? (2) Ich lege nicht viel Wert — seine Hilfe. (3) Dieser Bäcker hat eine grosse Auswahl — Kuchen. (4) Unsere Wohnung besteht — fünf Zimmern. (5) Jetzt muss ich — dem Mittagessen sehen. (6) Das ist eigentlich nicht nett — ihm. (7) — uns gibt es heute Schweinefleisch zum Mittagessen. (8) — Weisskohl und nicht — Rotkohl macht man Sauerkraut.

4. Wieviel Uhr ist es?

4^{30}, 7^{00}, 12^{00}, 14^{30}, 15^{15}, 9^{20}, 11^{10}, 0^{05}, 23^{45}, 13^{00}.

5. Ergänzen Sie:

(1) Die Gattin— dies— Herren sind Engländerin—. (2) In dies— Laden kann man kei— Äpfel kaufen. (3) Dies— Butterbrote nimmt er mit in d— Schule. (4) Um ei— Obsttorte zu machen, braucht man Kirsch— oder Äpfel. (5) Frau Scholz setzt ih— Gatt— gern etwas Fein— vor. (6) Bei jed— Mahlzeit essen wir Suppe vor d— Fleischgericht. (7) Dies— Ausländern darf d— Beamte in d— Wechselstube kei— Geld geben. (8) Mei— drei Brüd— sind nicht so alt wie ich. (9) In manch— Gegend— isst man mehr Schwarzbrot als Weissbrot. (10) Nach d— Abendessen geht mei— Mann sofort auf sei— Zimmer.

6. Schreiben Sie auf deutsch:

67, 49, 92, 22, 31, 99, 56, 77, 84, 100

7. Übersetzen Sie:

(1) In general the food [das Essen] is quite good. (2) The main meal consists of soup, meat and vegetables and dessert. (3) Frau Scholz likes to bake cakes. (4) Every morning her husband takes sandwiches with him to the office. (5) She was just going to put the soup on. (6) That is the main thing. (7) My husband is so fond of potato salad. (8) Yesterday I bought cake from the baker. (9) She has always too much work. (10) I always take supper at 8 o'clock.

8. Wiederholen Sie im Imperfekt:

(1) Unseren Kartoffelsalat mögen Sie nicht gern. (2) Warum schmeckt es Ihnen nicht mehr? (3) Diese Hausfrau kocht sehr gut. (4) Ihr Mann probiert den Heringsalat. (5) Wir versuchen den Zug noch zu erreichen. (6) Ich betrachte dieses Gericht als etwas Feines. (7) Die Zubereitung von diesem Gericht dauert viel zu lange. (8) Seine Frau setzt ihm gern etwas Feines vor. (9) Den Kuchen kaufe ich beim Bäcker. (10) Wann sind Sie zu Hause?

9. Übersetzen Sie:

On Sundays, for then the whole family is at home, we take our lunch at one o'clock. We always begin with soup, and then comes the meat course with potatoes and vegetables. Usually there is pork or veal, and we are especially fond of cutlets. As dessert we often have fruit, but we do not attach much importance to it.

At four o'clock we sit together and drink coffee. There is always cake of some kind, but we usually eat fruit tart and sometimes marble cake. Our evening meal often consists of sliced meats and potato salad, but sometimes we have herring salad and then we always drink beer or apple juice.

EINKAUFEN

Vor einigen Tagen erhielt Frau Scholz einen Besuch von der Frau eines Freundes aus England. Frau Jones war noch nicht lange in Deutschland und hatte noch allerlei Schwierigkeiten mit der Sprache. Vor allem machte ihr das Einkaufen Schwierigkeiten. Deshalb sprach sie bei ihrer Freundin vor und bat sie, doch einmal mit in die Stadt zu gehen, um Einkäufe zu machen.

Frau Scholz hatte an diesem Nachmittag gerade Zeit, und die beiden Damen gingen also gegen drei Uhr los. Zunächst gingen sie in einen Obst- und Gemüseladen, um Bananen, Äpfel und Apfelsinen zu kaufen. Die Bananen kosteten 90 Pfg. das Pfund, die Äpfel 35 Pfg. und die Apfelsinen 25 Pfg. das Stück. Dann wollte Frau Jones ein halbes Dutzend Brötchen und ein Pfund Schwarzbrot haben, und um diese Sachen zu kaufen, gingen sie in eine Bäckerei.

Fast alle Engländerinnen wollen in Deutschland Nylon- oder Perlonstrümpfe kaufen, und Frau Jones war in dieser Hinsicht keine Ausnahme. Auf Vorschlag von Frau Scholz gingen sie jedoch nicht in eine Strumpfwarenhandlung sondern in ein Warenhaus, denn dort sind die Strümpfe meistens sowohl gut als auch billig.

Das Warenhaus fand Frau Jones sehr interessant. Das Geschirr gefiel ihr besonders gut, und sie kaufte ein Kaffeeservice zu DM 35. Das Service bestand aus Kaffeekanne, Milchkännchen, Zuckerdose, sechs Tassen mit Untertassen und sechs Tellern. In der Metallwarenabteilung standen eine Menge Leute um eine Verkäuferin. In der Hand hielt sie eine Hackmaschine und schnitt damit Gemüse und Kartoffeln zu allerlei Formen und Grössen. Frau Jones fand diese Maschine äusserst praktisch und kaufte gleich eine zu DM 6⁸⁵.

Nachher wollte sie noch Fleisch und Wurst kaufen, und Frau Scholz führte sie zu diesem Zweck in eine Metzgerei. Dort kaufte Frau Jones ein halbes Pfund gekochten Schinken und ein Viertelpfund Leberwurst. Auf dem Weg nach Hause kaufte sie in einer Kolonialwarenhandlung ein halbes Pfund Butter, ein Dutzend Eier, zwei Pfund Zucker und eine Büchse Ölsardinen. In einem Bonbonladen nebenan kaufte sie auch noch eine Tafel Schokolade, eine Schachtel Pralinen und 100 Gramm Zuckermandeln.

VOKABELN

die **Sprache** (n), language

die **Banane** (-n), banana

das **Dutzend** (-e), dozen

die **Hinsicht** (-en), respect

der **Vorschlag** (¨e), suggestion

die **Handlung** (-en), shop, dealer's

das **Geschirr**, crockery

die **Kanne** (-n), jug

die **Zuckerdose** (-n), sugar basin

der **Teller** (-), plate

die **Abteilung** (-en), department

die **Hand** (¨e), hand

die **Form** (-en), shape, form

der **Zweck** (-e), purpose

der **Schinken** (-), ham

die **Kolonialwaren**, groceries

die **Ölsardine** (-n), sardine (in oil)

die **Tafel** (-n), tablet (of chocolate)

die **Praline** (-n), chocolate (*i.e.* a chocolate)

das **Einkaufen**, shopping

die **Apfelsine** (-n), orange

der **Strumpf** (¨e), stocking

die **Ausnahme** (-n), exception

die **Strumpfwaren** (*Plural*), hosiery

das **Warenhaus** (¨er), department store

das **Service**, service

die **Milch**, milk

die **Untertasse** (-n), saucer

die **Metallwaren** (*Plural*), hardware

die **Verkäuferin** (-nen), assistant.

die **Hackmaschine** (-n), mincer

die **Grösse** (-n), size

die **Metzgerei** (-en), butcher's shop

die **Leber**, liver

die **Büchse** (-n), tin

der **Bonbon** (-s), sweet

die **Schokolade**, chocolate

die **Mandel** (-n), almond

deshalb, therefore, for that reason

äusserst, extremely

erhalten (**erhält**), to receive

schneiden, to cut

sowohl ... als auch ..., both ... and ...

praktisch, handy, practical

vorsprechen (**spricht ... vor**) to call (on), to visit

ZUM LERNEN

vor einigen Tagen	a few days ago
vor einem Jahr	a year ago
Es macht ihr Schwierigkeiten.	It causes her difficulties.
Sie sprach bei ihm vor.	She called on him.
Sie gingen los.	They set off.
Auf Vorschlag von Frau Scholz.	At Frau Scholz' suggestion
sowohl gut als auch billig	both good and cheap
Das Geschirr gefiel ihr.	She liked the crockery.
zu diesem Zweck	for this purpose
ein halbes Pfund gekochten Schinken	half a pound of boiled ham
ein Viertelpfund Leberwurst	a quarter of a pound of liver sausage

GRAMMATIK

1. The Imperfect Tense of Strong Verbs

Learn the first person (or third person) singular. The other persons are formed from it. Note that the first and third persons are always alike.

	gehen (*to go, to walk*)	**kommen** (*to come, to happen*)	**erhalten** (*to receive, to preserve*)	**bitten** (*to ask, to beg*)
ich	**ging**	**kam**	**erhielt**	**bat**
Sie	**gingen**	**kamen**	**erhielten**	**baten**
er sie es man	**ging**	**kam**	**erhielt**	**bat**
wir	**gingen**	**kamen**	**erhielten**	**baten**
Sie	**gingen**	**kamen**	**erhielten**	**baten**
sie	**gingen**	**kamen**	**erhielten**	**baten**

Other strong verbs used in this course form their Imperfect as shown below: (consult also the list at the end of the book).

stehen ... stand	**bleiben ... blieb**
fangen ... fing	**beginnen.. begann**
ziehen ... zog	**sehen .... sah**

geben.... gab	werfen ... warf
rufen.... rief	finden.... fand
nehmen .. nahm	fahren.... fuhr
steigen... stieg	fallen..... fiel
bieten.... bot	liegen .... lag
sitzen.... sass	trinken ... trank
schlafen .. schlief	essen..... ass
sprechen.. sprach	verlieren.. verlor

Some of these verbs have been encountered in forms com-
pounded of verb and prefix (*e.g.*, **anziehen, aussteigen**), but
the imperfect of the compound is invariably formed like the
imperfect of the simple verb.

2. The cardinal numerals beyond 100 are formed as follows:
101 **hunderteins,** 110 **hundertzehn,** 114 **hundertvierzehn,**
125 **hundertfünfundzwanzig,** 188 **hundertachtundacht-
zig,** 200 **zweihundert,** 401 **vierhunderteins,** 756 **sieben-
hundertsechsundfünfzig,** 1000 **tausend,** 1001 **tausend-
undeins,** 4563 **viertausend fünfhundertdreiundsechzig,**
1,000,000 **eine Million**

EIN GESPRÄCH

(*Im Kolonialwarengeschäft*)

VERKÄUFERIN: Guten Tag.   Was darf es heute sein, bitte?

FRAU SCHOLZ: Guten Tag.   Ich hätte gern ein Pfund Butter
und zwei Pfund Zucker, bitte.

VERKÄUFERIN: Wünschen Sie sonst noch etwas, Eier, Käse,
Mehl?

FRAU SCHOLZ: Ja, geben Sie mir bitte ein halbes Dutzend Eier
und ein halbes Pfund Edamer Käse!   Mehl habe ich vorläufig noch da.

VERKÄUFERIN: Haben Sie sonst noch einen Wunsch?   Keine
Suppenwürfel oder Nudeln?

FRAU SCHOLZ: Nein, danke.   Diesmal nicht.

VERKÄUFERIN: Das wäre alles, also.   Zwei Mark sechzig, drei
Mark fünfzig, vier Mark siebzig, sechs Mark und fünfzig
Pfennig im ganzen.   Vielen Dank.   Auf Wiedersehen.

(Im Warenhaus)

FRAU SCHOLZ: Können Sie diese Perlonstrümpfe empfehlen?
Sie sind doch sehr billig.

VERKÄUFERIN: Das sind sie auch, gnädige Frau. Und dabei
sind sie von erstklassiger Qualität. Sie finden kaum bessere.

FRAU SCHOLZ: Nanu! Übertreiben Sie bloss nicht!

VERKÄUFERIN: Nein, aber zu dem Preis finden Sie bestimmt
keine besseren. Ich trage selber während der Dienststunden nur diese Qualität. Sie sind wirklich preiswert.

FRAU SCHOLZ: Na, dann verlasse ich mich auf Ihr Urteil. Ich
nehme ein Paar als Probestück.

VERKÄUFERIN: Ich wette, Sie kommen nächste Woche wieder.
Das macht drei Mark achtzig. Ich danke recht schön.
Auf Wiedersehen.

(In der Tabakhandlung)

INHABER: Ach, guten Tag, Herr Brown. Sehe ich Sie endlich mal wieder?

HERR BROWN: Ja, ich war lange nicht mehr hier. Meine
Zigarren sind schon längst alle.

INHABER: Das glaube ich. Mit fünfzig Zigarren kommt man
bestimmt nicht sechs Monate lang aus.

HERR BROWN: Leider! Aber ich darf ja nur fünfzig zollfrei
mit nach England nehmen. Geben Sie mir bitte fünfzig
von der üblichen Sorte zu 30 Pfennig.

INHABER: Sie sind doch gut, nicht wahr? Ich rauche sie
selber.

HERR BROWN: Ich hätte gern auch zwanzig Zigaretten.

INHABER: Zigaretten sind jetzt in 12- und 24-Packungen.
Was für eine Marke möchten Sie haben? Collie, Lux,
Gold Dollar?

HERR BROWN: Es ist eigentlich egal. Sie schmecken mir,
offen gesagt, alle gleich schlecht, aber meine englischen
Zigaretten sind schon alle. Was macht das im ganzen?

INHABER: 15 Mark die Zigarren und zwei Mark die Zigaretten, macht zusammen 17 Mark. Ich danke recht sehr.
Kommen Sie bald wieder. Auf Wiedersehen.

VOKABELN

das **Mehl,** flour
der **Suppenwürfel** (-), soup cube
der **Dienst** (-e), service, duty.
das **Urteil** (-e), judgment

der **Monat** (-e), month

die **Marke** (-n), brand, make

dabei, at the same time
nanu!, come, come!
preiswert, good value
egal, all the same, immaterial
schlecht, bad

übertreiben (*str. insep.*), to exaggerate
wetten (*w.*), to wager, to bet

der **Wunsch** (¨e), wish
die **Nudel** (-n), noodle, vermicelli
die **Qualität** (-en), quality
das **Probestück** (-e), sample, trial sample
die **Packung** (-en), package, packing

erstklassig, first class
bloss, simply, merely
längst, long ago
gleich, equally

tragen (*str.* **trägt**), to carry, to wear

ZUM LERNEN

Was darf es heute sein? What can I give you to-day?
Das wäre alles. I think that's all.
gnädige Frau Madam
Übertreiben Sie bloss nicht! Whatever you do, don't exaggerate.
Es ist eigentlich egal. It's really all the same.
Meine Zigarren sind alle. My cigars are all gone.
Der Wein (die Butter, etc.) **ist alle.** The wine (butter, etc.) is all gone.
Ich verlasse mich auf Ihr Urteil. I rely on your judgment.
offen gesagt to be honest, frankly

AUFGABEN

1. Beantworten Sie folgende Fragen:

(1) Wer besuchte Frau Scholz vor einigen Tagen? (2) Was für Schwierigkeiten hatte Frau Jones? (3) Warum wollte sie mit Frau Scholz in die Stadt gehen? (4) Was kauften sie in dem Obstladen? (5) Was kosteten die Bananen? (6) Wo kauften

Hamburg: Freihafen

Hamburg: Innere Stadt

Hamburg: Binnenalster mit Jungfernstieg

sie Brötchen und Schwarzbrot? (7) Wohin gingen sie, um Strümpfe zu kaufen? (8) Was gefiel Frau Jones besonders gut? (9) Was bezahlte sie für das Kaffeeservice? (10) Woraus [aus was] besteht ein Kaffeeservice? (11) Wo kauft man Fleisch und Wurst? (12) Wo kauft man Zucker, Mehl und Nudeln?

2. Geben Sie die richtige Form des Verbs (*Präsens* und *Imperfekt*):

(1) Mein Bruder [erhalten] heute morgen einen Brief. (2) Im Sommer [fahren] er immer nach Deutschland. (3) Ich [vorsprechen] jeden Tag bei einem Freund. (4) Die Hausfrau [schneiden] das Gemüse. (5) Der Herr [tragen] einen blauen Anzug. (6) Herr Scholz [kommen] jedes Jahr nach England. (7) Wir [aussteigen] in Köln. (8) Er [sehen] uns sehr selten. (9) Herr Brown [essen] heute Mittag in einem Restaurant. (10) Hier [anfangen] unser Spaziergang. (11) Diese Stadt [gefallen] mir gar nicht. (12) Er [abnehmen] den Hörer und [einwerfen] 20 Pfg.

3. Übersetzen Sie:

(1) I should like a tablet of chocolate, please. (2) A dozen eggs costs three marks sixty pfennig. (3) Would you like a box of chocolates? (4) A quarter of boiled ham and half a pound of liver sausage, please! (5) Apples are both good and cheap. (6) How do you like my coffee service? (7) Can you recommend these sardines? (8) Unfortunately the sugar is all gone. (9) This quality is really good value. (10) You are no exception.

4. Schreiben Sie auf deutsch:

201; 199; 387; 666; 11,001; 25,702; 1954; 1,000,463.

5. Ergänzen Sie:

(1) Ei— Kaffeeservice besteht aus Teller— und Tasse— mit Untertasse—. (2) In dies— Warenhaus sind d— Verkäuferinnen sehr höflich. (3) Haben Sie sonst kei— Wünsch—? (4) Vor einig— Jahr— war ich in d— Nähe von Köln. (5) Die Qualität dies— Nudel— ist nicht besonders gut. (6) Ich kannte einmal d— Inhaber dies— Metzgerei. (7) Man geht nicht in ei— Obsthandlung, um ei— Pfund Wurst zu kaufen. (8) Welch— Strümpf— möchte die Dame kaufen? (9) Haben Sie Schwierigkeit— mit unse— Sprache? (10) Zu welch— Preis dürfen die Zigarett— sein? (11) Dies— Marke empfahl mir mei— Bruder. (12) Während — Dienststunden darf ich kei— Zigarr— rauchen.

6. Setzen Sie in den Plural:

(1) Ihr Vorschlag gefällt mir gar nicht. (2) Zum Frühstück esse ich ein Brötchen mit einem Ei. (3) In dem Warenhaus kaufe ich eine Kaffeekanne. (4) Gegenüber diesem Obstladen ist eine Tabakhandlung. (5) Was hält die Verkäuferin in der Hand? (6) Was darf ich Ihnen anbieten, eine Banane oder eine Apfelsine? (7) Ihr Bruder ist eine Ausnahme. (8) Die Form dieser Zuckerdose fand ich zuerst etwas komisch. (9) Der Kellner trägt das Butterbrot auf einem Teller. (10) Er bot mir die Tasse ohne Untertasse an.

7. Übersetzen Sie:

(1) What did he put on first? (2) They gave us fruit and chocolate. (3) He remained at home yesterday. (4) Where was he standing? (5) He did not sleep very well. (6) You received nothing from him. (7) I found the book on the table. (8) He came out of the room and called me. (9) What was he eating and drinking. (10) We asked you for the money.

8. Übersetzen Sie:

Mrs Jones finds shopping very difficult, for she does not speak much German. For that reason she asked her friend, Frau Scholz, to go with her to town, to do some shopping. They went first to the grocer's and bought a dozen eggs, a pound of cheese and two pounds of sugar. Then Mrs Jones wanted fruit and they went to the fruiterer's, and there they bought apples, oranges and bananas. The butcher had no ham, and he offered them liver sausage, but they took a pound of pork cutlets.

In a department store they saw nylon stockings and found them good value. Mrs Jones also bought a coffee service for 30 marks. It consisted of coffee jug, milk jug, sugar basin and six cups and saucers. In the café in the store they drank a cup of coffee and ate a piece of cake with it [to it].

EIN ABEND IN DER FAMILIE

Abends sitzt Familie Scholz sehr gern beisammen. Herr Scholz, der sein Büro in der Stadt hat, geht mit seiner Frau meistens am Wochenende aus, aber während der Woche bleiben sie gewöhnlich mit den Kindern zu Hause. Die beiden Kinder, die noch zur Schule gehen, haben sehr oft Schularbeiten auf, denen sie die zwei Stunden zwischen dem Nachmittagskaffee und dem Abendessen widmen.

Nach dem Abendbrot fängt der gemütliche Teil des Abends an. Herr Scholz zieht seine Pantoffeln an, zündet eine Zigarre an und liest seine Zeitung oder ein Buch. Frau Scholz, die ihre Zeit nicht gern verschwendet, sitzt im Lehnstuhl mit ihrem Strickzeug oder stopft Socken für ihren Mann und ihren Sohn. Man plaudert über alles, was heute im Büro oder in der Schule geschah. Der Sohn, Wolfgang, erzählt von einem Lehrer, den er besonders komisch findet, und Else, die Tochter, erzählt von ihrer Lieblingslehrerin.

Manchmal hört die ganze Familie Radio oder den Plattenspieler, den Herr Scholz vor einigen Wochen kaufte. Er ist nämlich ein Liebhaber der Musik und sammelt Langspielplatten, welche für Symphonien und Klavier- oder Violinkonzerte besonders geeignet sind. Die Kinder, deren Geschmack anders ist, haben lieber Tanzplatten, von denen sie auch eine Menge besitzen.

Wolfgang und Else gehen in der Regel zwischen neun und zehn Uhr ins Bett. Dann sitzen die Eltern noch ein Stündchen zusammen und hören die Nachrichten im Radio oder sprechen von Dingen, die die Kinder nicht interessieren oder die sie nicht hören dürfen, denn solche Gesprächsgegenstände gibt es in jeder Familie.

VOKABELN

das **Wochenende** (-n), week-
end

die **Schularbeit** (-en), homework

das **Abendbrot,** supper
der **Pantoffel** (-n), slipper
das **Strickzeug,** knitting
der **Sohn** (ᴗe), son
die **Tochter**(ᴗ), daughter
der **Liebling** (-e), favourite

das **Radio,** wireless
der **Plattenspieler** (-), record player
die **Langspielplatte** (-n), long playing record
die **Violine** (-n), violin

der **Geschmack** (*no plural*), taste

die **Regel** (-n), rule
die **Nachricht** (-en), news
der **Gesprächsgegenstand** (ᴗe), topic of conversation

der **Teil** (-e), part
der **Lehnstuhl** (ᴗe), arm-chair
die **Socke** (-n), sock
der **Lehrer** (-), teacher

die **Lieblingslehrerin** (-nen), favourite schoolmistress
die **Platte** (-n), record
die **Musik,** music

die **Symphonie** (-n), symphony

das **Violinkonzert** (-e), violin concerto
die **Tanzplatte** (-n), dance record
das **Stündchen** (-), short hour
das **Ding** (-e), thing
der **Gegenstand** (ᴗe), subject

beisammen, together, assembled
komisch, comical, funny

widmen (*w.*), to devote, to dedicate
verschwenden (*w.*), to waste
geschehen (*str.* **es geschieht**), to happen
sammeln (*w.*), to collect
interessieren (*w.*), to interest

gemütlich, jolly, jovial, comfortable
geeignet, suitable, suited

anzünden (*w. sep.*), to light

stopfen (*w.*), to darn
erzählen (*w.*), to tell, to relate

besitzen (*str.*), to possess, to own

ZUM LERNEN

Die Kinder haben Schularbeiten auf.	The children have homework.
Die Kinder gehen *zur* **Schule.**	The children go to school.
Die ganze Familie hört die Nachrichten *im* **Radio.**	The whole family listens to the news on the wireless.
Er ist *nämlich* **ein Liebhaber der Musik.**	You see, he is a music lover.
Die Kinder haben lieber Tanzmusik.	The children prefer (like better) dance music.
in der Regel	as a rule

GRAMMATIK

1. *Relative Pronouns*

A relative pronoun gets its gender and number from its antecedent, *i.e.* from the noun or pronoun for which it stands or to which it refers, and its case from its relation to the verb in its own clause or from some preposition by which it is governed.

The relative pronouns are largely the same in form as the definite article, though the genitive forms and the dative plural form differ slightly from the article.

	Masc.	*Fem.*	*Neut.*	*Plural*
Nom:	**der**	**die**	**das**	**die**
Acc:	**den**	**die**	**das**	**die**
Gen:	**dessen**	**deren**	**dessen**	**deren**
Dat:	**dem**	**der**	**dem**	**denen**

Alternative forms are provided by declining **welcher,** though this form does not exist in the genitive.

Such forms as **mit dem** or **mit welchem** (*with which*), **auf dem** or **auf welchem** (*on which*) (*i.e.*, referring to things but not persons) may be rendered alternatively by **womit**, **worauf**, etc.   These forms are analogous to the forms **damit**, **darauf**, etc., and are used for things (not persons) without any distinction as to gender and number.

2. All relative clauses are subordinate clauses and the finite verb is thrown to the end of the clause.

Der Mann, der das tut, ist nicht sehr intelligent.

Wo ist das Buch, das Sie haben möchten?

Den Freund, den Sie gestern nachmittag sehen wollten, sah ich heute morgen.

Die Feder, mit der [womit] er diesen Brief schrieb, ist nicht sehr gut.

Die Leute, denen Sie die Zigaretten gaben, sind Freunde von mir.

Die Dame, von deren Kindern Sie so oft sprechen, wohnt hier.

3. Where the antecedent is **etwas, alles, nichts** or **das** the relative pronoun is invariably **was**.

> *e.g.* **Alles, was ich gestern hörte, . . .**
> **Das, was Sie meinen, . . .**

4. *Special Note on the Familiar Forms*

The polite form **Sie** and its allied forms **Ihr** and **Ihnen** are used only between people who are on formal terms. When addressing intimates, young children or animals, German people use the familiar forms **du** (*singular*) and **ihr** (*plural*) corresponding to the old forms *thou* and *ye* in English.

The verb forms end in **-st** (**du**) and **-t** (**ihr**).

Present

gehen	kommen	wollen	dürfen	arbeiten
du gehst	kommst	willst	darfst	arbeitest
ihr geht	kommt	wollt	dürft	arbeitet

N.B.—The second person familiar singular verb (**Du**-*Form*) has the same vowel change as the third person singular in strong verbs.

    e.g. du **gibst**, er **gibt** [**geben**]
         du **sprichst**, er **spricht** [**sprechen**]

Imperfect

du gingst	kamst	wolltest	durftest	arbeitetest
ihr gingt	kamt	wolltet	durftet	arbeitetet

The verbs **sein** and **haben** are irregular in their familiar forms as in the forms already encountered:

         sein: du **bist**   ihr **seid**
         haben: du **hast**   ihr **habt**

Accusative and Dative Forms of the Familiar Pronouns

Accusative	*Dative*
dich	**dir**
euch	**euch**

Possessive Adjectives

                dein
                euer

N.B.—When **euer** is declined, elision of the **e** before the **r** takes place:

     eure Bücher   von eurem Haus

The Familiar Imperative Singular

Where there is no vowel change in the stem of the 2nd and **3rd** persons indicative, or where the stem vowel merely undergoes modification (**laufen: er läuft**), the second familiar imperative is formed by adding **e** to the stem of the infinitive:

mache! gehe! laufe! fahre!

Where there is a definite vowel change in the indicative (**geben: er gibt**) the imperative singular is formed by knocking off the **st** ending of the indicative and retaining the changed vowel. Thus:

geben: gib! essen: iss! sprechen: sprich!

N.B.—The normal forms **mache! gehe!** etc., are commonly abbreviated in conversation to **mach!, geh!**, etc.

The familiar plural imperative is the same in form as the indicative:

macht! geht! lauft! antwortet! sprecht!

Note that the pronoun is not included in the familiar imperative forms, plural or singular.

EIN GESPRÄCH

ELSE: Was? Bist du schon fertig, Wolfgang?

WOLFGANG: Eigentlich, ja.

FRAU SCHOLZ: Was heisst denn „eigentlich"?

WOLFGANG: Ich habe noch ein Gedicht zu lernen, aber das kann ich genau so gut morgen machen.

FRAU SCHOLZ: Das Gedicht lernst du noch heute abend, mein Lieber. Man sagt zwar „Aufgeschoben ist nicht aufgehoben", aber bei Dir stimmt das nicht.

WOLFGANG: Na, ja! Wenn ich muss!

FRAU SCHOLZ: Was hast du noch zu tun, Else?

ELSE: Nicht mehr viel. Noch eine Mathematikaufgabe und dann meine Englischaufgabe. Sie sind aber nicht schwer.

FRAU SCHOLZ: Gut! Dann mach' schnell, denn wir wollen nachher etwas Schönes im Radio hören. Dein Vater kommt auch bald, und dann können wir zu Abend essen.

WOLFGANG: Hoffentlich gibt es etwas Gutes. Ich habe Hunger.

FRAU SCHOLZ: Du hast immer Hunger. Nun macht schnell Eure Schularbeiten fertig, sonst habt ihr nachher Zeit für nichts.

(Nach dem Abendessen)

HERR SCHOLZ: Was habt ihr denn alle vor? Seid ihr mit euren Schularbeiten schon fertig, Kinder?

WOLFGANG: Ja, wir waren beide sehr fleissig.

HERR SCHOLZ: Gut, dann können wir das Symphoniekonzert im Radio hören. Da seid ihr aber froh, nicht wahr?

WOLFGANG: Schon wieder ein Symphoniekonzert? Wir hörten doch vorgestern schon eins.

ELSE: Und der Nordwestdeutsche Rundfunk bringt ein Hörspiel. Das wollte ich so gern hören.

HERR SCHOLZ: Also gut! Das können wir auch. Um wieviel Uhr fängt es eigentlich an? Weisst du das?

ELSE: Um acht.

HERR SCHOLZ: In einer Viertelstunde also. Bis dahin will ich meine Zeitung lesen, und ihr könnt machen, was ihr wollt.

WOLFGANG: Ich blättere so lange in meinem Briefmarkenalbum.

ELSE: Und ich will an Tante Maria schreiben.

FRAU SCHOLZ: Und ich will meine Stricknadeln und eure Socken holen. So hat jeder etwas zu tun.

VOKABELN

das Gedicht (-e), poem
das Hörspiel (-e), radio play

die Mathematik, mathematics
das Album (-en), album

zwar, admittedly, it is true
fleissig, industrious

schwer, hard, difficult, heavy

stimmen (*w.*), to be true, to be correct

ZUM LERNEN

Was heisst . . .?	What do you mean by . . .?
genau so gut	just as well
Aufgeschoben ist nicht aufgehoben.	What is postponed is not necessarily abandoned altogether.
etwas Gutes	something good

AUFGABEN

1. Beantworten Sie folgende Fragen:

(1) Wann sitzt Familie Scholz gern beisammen? (2) Wo hat Herr Scholz sein Büro? (3) Wann geht er mit seiner Frau aus? (4) Gehen die Kinder auch ins Büro? (5) Wann machen die Kinder abends ihre Schularbeiten? (6) Was tut Frau Scholz nach dem Abendessen? (7) Worüber plaudert man? (8) Von wem erzählt Wolfgang manchmal? (9) Was kaufte Herr Scholz vor einigen Wochen? (10) Was für Platten sammelt er? (11) Was ist eine Langspielplatte? (12) Was für Musik haben die Kinder gern? (13) Wann gehen die Kinder in der Regel ins Bett? (14) Was hören die Eltern dann im Radio. (15) Wovon sprechen sie?

2. Ergänzen Sie:

(1) Das Zimmer, in — die Familie abends sitzt, ist sehr bequem.

(2) Der Herr, — Sie gestern kennenlernten, ist mein Freund.

(3) Die Filme, von — Sie sprechen, waren beide sehr gut.

(4) Die Dame, — Kinder deutsch sprechen, ist Engländerin.

(5) Die Dame, mit — Kindern Sie zur Schule gehen, ist auch Engländerin.

(6) Der Kellner, — Sie das Geld gaben, war sehr höflich.

(7) Die Wechselstube, in — Sie gestern so lange warteten, ist heute geschlossen.

(8) Die Langspielplatten, — er so gern sammelt, sind alle sehr gut.

(9) Ist das der Bahnhof, von — wir morgen abfahren?

(10) Das Konzert, — wir gestern im Radio hörten, war nicht besonders gut.

3. Geben Sie die richtige Form des Verbs:

(1) Was [essen — *Präsens*] du? (2) Was [wollen — *Imperfekt*] ihr tun? (3) [Dürfen — *Imperfekt*] du ihn gestern nicht sehen? (4) Du [aussehen — *Präsens*] heute komisch. (5) Ihr [wissen — *Präsens*] die Antwort nicht. (6) [Sein — *Präsens*] ihr schon fertig? (7) Wo [sein — *Imperfekt*] du gestern nachmittag? (8) Ihr [können — *Imperfekt*] das nicht wissen. (9) Du [gehen — *Imperfekt*] schon gestern ins Kino. (10) [Tun] das nicht, Wolfgang! (11) Um wieviel Uhr [ankommen — *Imperfekt*] du? (12) Du [sein — *Präsens*] manchmal nicht sehr fleissig. (13) Vor einigen Jahren [sprechen — *Imperfekt*] du nicht so gut deutsch. (14) [Fahren — *Präsens*] ihr beide dieses Jahr nach Deutschland? (15) [Fahren — *Präsens*] du auch mit?

4. Übersetzen Sie:

(1) What are you [du] doing, Else? (2) Give [*familiar sing.*] me the newspaper, please. (3) He bought a long-playing record yesterday. (4) She was sitting in the armchair. (5) I heard the news on the radio yesterday evening. (6) Have you something good for me? (7) Wolfgang is always hungry. (8) Do your children go to school? (9) As a rule we go to bed early. (10) This evening we are listening to the wireless. (11) We are not going out after supper. (12) What happened at the office to-day? (13) Are you a lover of music? (14) Mrs Scholz does not waste her time. (15) This record is my favourite record.

5. Ergänzen Sie:

(1) Gestern hörte ich ei— Klavierkonzert — Radio. (2) Else geht noch nicht — Schule. (3) Dies— Dame sucht ih— Strickzeug, welch— irgendwo herumliegt. (4) D— Pantoffel— dies— Herr— sind sehr bequem. (5) Unse— Kinder interessiert dies— Gesprächsgegenstand nicht. (6) Alles, — er sah, interessierte mei— Sohn sehr. (7) Finden Sie dies— Mathematikaufgabe sehr schwer? (8) In d— Büro d— Herr— Scholz hat man viel Arbeit. (9) Frau Scholz geht in d— Warenhaus, um ih— Gatte— ei— Paar Pantoffeln zu kaufen. (10) Gebt eur— Söhn— etwas zu essen!

6. Setzen Sie in den Plural:

(1) Sprich nicht so schnell! Ich kann dich nicht verstehen. (2) Schreibe mir bitte bald einen Brief! (3) Vor einem Jahr besass mein Bruder ein Haus, aber er verkaufte [sold] es. (4) Der Sohn dieser Frau fand dieses Buch auf der Strasse. (5) Kannst du ihm bei dieser Schularbeit helfen? (6) Was gibt er dir? (7) Die Nachricht von seinem Erfolg hörte ich heute morgen. (8) Findest du deinen Lehnstuhl genau so bequem wie dein Bett? (9) Die Feder, mit der er schrieb, ist nicht mehr sehr gut. (10) Trägst du eine Socke oder einen Strumpf?

7. Bilden Sie mit Hilfe eines Relativpronomens e i n e n Satz aus jedem Paar Sätze.

(*Beispiel:* Der Stuhl ist sehr hart.   Ich sitze auf dem Stuhl. Der Stuhl, worauf ich sitze, ist sehr hart.)

(1) Das Zimmer ist sehr klein.   Er arbeitet in dem Zimmer.

(2) Das Buch muss sehr interessant sein.   Ich hörte von dem Buch.

(3) Den Plattenspieler kaufte ich vor einem Jahr.   Ich will eine Platte für den Plattenspieler haben.

(4) Der Bücherschrank ist sehr schön. Er nimmt ein Buch aus dem Bücherschrank.

(5) Das Konzert war wirklich erstklassig. Wir sprachen über das Konzert.

(6) Der Tisch war nicht sehr gross. Die Pantoffeln lagen unter dem Tisch.

8. Übersetzen Sie:

Mr Scholz, who works in an office in the town, comes home every evening at half-past five. Sometimes he goes out with his wife, but usually they stay at home and listen to the wireless or the record player, which Mr Scholz bought a year ago. The children, whose homework is sometimes rather difficult, go out in the evening only at the week-end. Yesterday evening their father came home rather early, for he had not much work at [in] the office. He wanted to hear a symphony concert on the radio. The children, who prefer to listen to dance music, had to listen to the concert also.

WIEDERHOLUNG

1. Geben Sie die erste [ich], zweite [du] und dritte [er] Person Singular Präsens und Imperfekt der Verben:

   haben, sein, antworten, gehen, kommen, sollen, mögen, aufstehen, anbieten, bringen, kennen, wissen, bezahlen, finden, erzählen, hören, heissen, sehen, lesen, abfahren, übertreiben, tragen, besuchen, klingeln, mitnehmen.

2. Geben Sie alle drei Personen des Imperativs der Verben:

   suchen, fahren, betrachten, essen, sprechen, lesen, sehen, probieren, tragen.

3. Ergänzen Sie:

   (1) Diese Dame, — Suppen immer gut schmecken, kocht sehr gut.

   (2) Ich gehe in ein Café, — Musik bekannt ist.

   (3) Der Freund, — Sie heute nachmittag besuchen, ist jetzt nicht zu Hause.

   (4) Der Bäcker, bei — Sie Ihr Brot kaufen, wohnt nicht weit von mir.

   (5) Ihre Freunde, — Sie immer etwas Gutes vorsetzen, kommen gern zu Ihnen.

   (6) Wie gefällt Ihnen der Kleiderschrank, — in mein Anzug hängt?

   (7) Die Brötchen, — aus das Frühstück bestand, schmeckten sehr gut.

   (8) Der Tisch, um — die Leute standen, war nicht sehr gross.

4. Setzen Sie in den Plural:

   (1) Hast du keinen Teller und keine Tasse? (2) Der Vorschlag dieses Herrn war sehr gut. (3) Magst du dieses Gericht nicht? (4) Ich nahm einen Apfel und eine Banane. (5) In welcher Hinsicht finden Sie dieses Ding so praktisch? (6) Die Verkäuferin in der Strumpfwarenabteilung ist sehr fleissig. (7) Mein Schuh ist nicht so bequem wie mein Pantoffel. (8) Ein Milchkännchen und eine Zuckerdose kosten mehr als eine Tasse mit

Untertasse. (9) Welche Engländerin kauft gern in diesem
Warenhaus? (10) Der Sohn meines Freundes spricht englisch
aber sonst keine Sprache.

5. Übersetzen Sie:

(1) In general I buy only in this shop. (2) For what reason are
you going to Germany? (3) What time do you take lunch?
(4) What do you buy at the baker's? (5) Yesterday I bought a
pound of liver from the butcher. (6) A few days ago I received
a visit from my friend. (7) I should like half a dozen rolls, please.
(8) I went there at his suggestion. (9) Oranges are both good
and cheap to-day. (10) My work causes me difficulties.

6. Setzen Sie in den Singular:

(1) In diesen Geschäften sind die Würste und die Brote nicht
immer frisch. (2) Wie gefielen euch die Städte am Rhein?
(3) Kennt ihr die Freunde, die wir gestern besuchten? (4) An
den Fenstern der Häuser standen die Kinder und sahen hinaus.
(5) Eure Wünsche finden unsere Brüder etwas komisch. (6) Diese
Eier schmecken uns nicht sehr gut. (7) Langspielplatten sind
für Symphonien besonders geeignet. (8) Die Schularbeiten
unserer Kinder waren gestern etwas schwer. (9) Von diesen
Cafés haben wir keine Aussichten auf die Strassen. (10) Habt
ihr schon Karten für die Oper?

7. Konjugieren Sie in allen Personen:

(1) Ich sass auf meinem Stuhl. (2) Ich machte einen Spaziergang mit meiner Frau. (3) Ich trank mein Kännchen Kaffee.
(4) Ich dachte an meine Arbeit. (5) Ich suchte meinen Kuchen
selber aus.

8. Bilden Sie mit Hilfe eines Relativpronomens e i n e n Satz
aus jedem Paar Sätze:

(1) Meine Freundin lernt deutsch. Sie spricht noch nicht sehr
gut.

(2) Die Kinder haben Hunger. Ich gebe ihnen Butterbrote.

(3) Frau Jones ist zu Hause in England. Ihr Gatte ist in Deutschland.

(4) Herr Scholz hat ein Büro in der Stadt. Ich kenne ihn sehr
gut.

(5) Unser Plattenspieler war sehr teuer. Ich kaufte ihn in der
Stadt.

(6) Der Herr arbeitet in meinem Büro. Ich ging voriges Jahr
mit ihm nach Deutschland.

(7) Der Tisch steht neben meinem Bett. Meine Bücher liegen darauf.

(8) Die Verkäuferin verkauft Strümpfe. Ich gebe ihr drei Mark.

9. Übersetzen Sie:

(1) Give no money to people who don't work for you. (2) I went to the concert with the lady who lives not far from you. (3) Is that the café from whose windows we have a beautiful view of the river? (4) Actually she was right. (5) I often sit here in hot weather. (6) At any rate you must try the potato salad. (7) This café is famous for its coffee, which I often drink. (8) At eight thirty the concert was over. (9) In this town there is always plenty going on. (10) Do you attach much importance to their help?

10. Schreiben Sie sechs Sätze über:

(*a*) Ein Nachmittag im Café.

(*b*) Gestern machte ich Einkäufe.

(*c*) Ein Tag im Leben einer deutschen Familie.

THEATER UND KINO

Herr Jones, der mit seiner Frau seine Ferien in Deutschland verbringt, geht hin und wieder gern ins Kino, denn auf diese Weise kann er auch seine Sprachkenntnisse erweitern. Seine Frau, die zum erstenmal in Deutschland ist, ist nur einmal im Kino gewesen, und zwar vor einigen Tagen. An diesem Tage hat es stark geregnet, und Frau Jones, die Langeweile gehabt hat, hat auf einmal den Wunsch geäussert, ins Kino zu gehen. Zuerst haben sie lange überlegt, in welches Kino sie gehen sollten. Herr Jones hat in der Zeitung nachgesehen, ohne zunächst zu einem Entschluss zu kommen. Es hat nämlich viele amerikanische Filme gegeben, wovon sie die meisten schon in England gesehen hatten. Endlich aber hat er ein Kino entdeckt, in dem ein deutscher Film lief, und dahin sind sie auch gegangen.

An der Kasse haben sie eine Zeitlang gewartet, denn sie waren etwas früh gekommen und haben ausserdem nicht gewusst, welche Plätze sie nehmen sollten, erstes Parkett, zweites Parkett, Sperrsitz oder Balkon. Schliesslich haben sie zweites Parkett gewählt, denn sie sitzen beide nicht gern oben auf dem Balkon, Herr Jones geht nicht gern zu weit nach vorne und Frau Jones geht nicht gern zu weit nach hinten.

Pünktlich um zwei Uhr nachmittags hat die Vorstellung begonnen. Zuerst haben sie die Wochenschau gesehen. Sie war nicht viel anders als die Wochenschau in den Kinos in England. Eine Konferenz von Staatsmännern in Paris, ein Brand im Hafen von New York, ein Fussballländerspiel — Deutschland gegen Holland — der deutsche Bundespräsident auf Urlaub — Sachen, die man in der ganzen Welt auf der Leinwand sieht. Vor dem Hauptfilm haben sie einen Trickfilm gesehen — die Geschichte von einem Kater, der zu faul war, um Mäuse zu fangen. Der Hauptfilm, eine Geschichte, die in dem Berlin der Nachkriegszeit spielte, hat ihnen sehr gut gefallen. Leider hat Frau Jones nicht alles verstanden, da sie noch nicht viel Deutsch kann, aber trotzdem hat sie den Film sehr gut gefunden.

Zu einem Theaterbesuch sind Herr und Frau Jones noch nicht gekommen, denn im Sommer sind in den Grossstädten die Theater meistens geschlossen. Das ist eigentlich schade, denn in Deutschland sind die Theater im Durchschnitt ausserordentlich gut. Man führt nicht nur moderne sondern auch klassische Dramen auf, und seltsamerweise sieht man Stücke von Shakespeare häufiger auf der Bühne in Deutschland als in England. Da Herr und Frau Jones jedoch nicht die ganze Zeit in Düsseldorf und Köln zubringen wollen, hoffen sie in einer der Kleinstädte am Rhein doch noch ein Theaterstück zu sehen, denn die Kurorte haben vielfach auch auf diesem Gebiete ihren Gästen etwas Gutes zu bieten.

VOKABELN

die **Kenntnis** (**-nisse**), knowledge

die **Langeweile,** boredom

der **Film** (**-e**), film

das **Parkett,** stalls

der **Balkon** (**-e**), balcony

die **Konferenz** (**-en**), conference

der **Hafen** (**¨**), harbour

das **Länderspiel** (**-e**), international match

der **Urlaub** (**-e**), leave, holiday

die **Welt,** world

der **Trickfilm** (**-e**), cartoon

der **Kater** (**-**), tom-cat

die **Nachkriegszeit,** post-war period

das **Stück** (**-e**), play

die **Kleinstadt** (**¨e**), small town

das **Gebiet** (**-e**), province, sphere

stark, strong(ly), heavily

pünktlich, punctual(ly)

die **Sprachkenntnisse,** linguistic knowledge

der **Entschluss** (**¨e**), decision

die **Kasse** (**-n**), cash desk, pay-box

der **Sperrsitz,** back stalls (cinema), orchestra stalls (theatre)

die **Vorstellung** (**-en**), performance

der **Brand** (**¨e**), fire

der **Fussball,** football

der **Präsident** (**-en**), president

die **Sache** (**-n**), thing, matter

die **Leinwand** (*no plural*), screen

die **Geschichte** (**-n**), story

die **Maus** (**¨e**), mouse

die **Grossstadt** (**¨e**), city

die **Bühne** (**-n**), stage

der **Kurort** (**-e**), spa

die **Ferien** (*Plural*), holidays

ausserdem, moreover, furthermore

faul, lazy

Bremen: Böttcherstrasse

*Rhens am Rhein: Rathaus mit offener Halle
am Marktplatz*

trotzdem, nevertheless
ausserordentlich, extraordinarily
klassisch, classical

vielfach, to a great extent

verbringen (*w.*), to spend (time)

regnen (*w.*), to rain
überlegen (*w.*), to consider

entdecken (*w.*), to discover

fangen (*str.* **er fängt**), to catch

zubringen (*w. irreg. sep.*), to spend (time)

geschlossen, closed
modern, modern

seltsamerweise, strangely enough

erweitern (*w.*), to extend, to increase
äussern (*w.*), to express, to utter
nachsehen (*str. sep.*), to look (something up)
laufen (*str.* **er läuft**), to run, to be showing (a film)
aufführen (*w. sep.*), to produce (a play)
bieten (*str.*), to offer

ZUM LERNEN

hin und wieder — now and again
auf diese Weise — in this way
und zwar — to be more exact, and furthermore, actually

Es regnet stark — It is raining heavily
die meisten — most
eine Zeitlang — for a time
Der Film läuft — The film is showing
nach hinten — towards the back
nach vorne — towards the front
anders als — different from
oben auf dem Balkon — up in the balcony

GRAMMATIK

The Perfect Tense

1. The perfect tense of both weak and strong verbs is formed by means of the past participle of the verb and the auxiliary verb **haben** or **sein.**

2. The past participle of a weak verb is formed by prefixing **ge** and adding **t** or **et** to the stem:

machen: gemacht   **antworten: geantwortet**

D.S.D.—H

3. The past participle of strong verbs must be learned in each individual instance in the same way as the imperfect has to be memorised. The student should memorise from the alphabetical list in the grammatical appendix the 3rd person singular present, the imperfect and the past participle of all strong verbs encountered.

Thus:	**sehen:**	er **sieht**	**sah**	**gesehen**
	fangen:	er **fängt**	**fing**	**gefangen**

4. In a main clause the past participle goes to the end of the clause.

> *e.g.* **Ich habe heute den ganzen Tag gearbeitet.**

In a subordinate clause the past participle is placed immediately before the auxiliary verb at the end of the clause.

> *e.g.* **Ist das der Mann, den wir gestern nachmittag in der Stadt gesehen haben?**

5. All intransitive verbs expressing motion or change of state form their perfect tense with the auxiliary verb **sein** and not **haben.**

Thus:	**gehen:**	**ich bin gegangen**
	kommen:	**ist er gekommen?**
	werden (*to become*):	**Sie sind geworden**

N.B.—The verbs **sein** and **bleiben** are also conjugated with **sein.**

6. Separable verbs form their past participle by including the **ge** between the separable prefix and the stem.

e.g.	**ausgehen:**	**aus***ge***gangen**
	zubringen:	**zu***ge***bracht**
	aufführen:	**auf***ge***führt**

Inseparable verbs have no **ge** in the past participle.

e.g.	**erweitern:**	**erweitert**
	überlegen:	**überlegt**
	empfehlen:	**empfohlen**

Verbs ending in **ieren** have no **ge** in the past participle.

> *e.g.* **probieren: probiert**

7. The prefixes **be, ge, ent, emp, ver, er, zer** are always nseparable.

Examples:

Infinitive	*Imperfect*	*Past participle*
befehlen (*to command*)	**befahl**	**befohlen**
gefallen (*to please*)	**gefiel**	**gefallen**
entdecken (*to discover*)	**entdeckte**	**entdeckt**
empfehlen (*to recommend*)	**empfahl**	**empfohlen**
versprechen (*to promise*)	**versprach**	**versprochen**
erreichen (*to reach*)	**erreichte**	**erreicht**
zerreissen (*to tear to pieces*)	**zerriss**	**zerrissen**

8. The perfect tense is used in German both to express the English perfect (*I have done*) and the English preterite (*I did*). In conversation the tendency is to use the perfect tense rather than the imperfect.

e.g. **Ich habe ihn gestern gesehen.** I saw him yesterday.

CONJUGATION OF ALL STRONG AND IRREGULAR VERBS USED IN LESSONS XI TO XVI

Infinitive	*3rd sing. Pres.*	*Imperfect*	*3rd sing. Perf.*
bringen	bringt	brachte	hat gebracht
backen	bäckt	backte (*or* buk)	hat gebacken
beginnen	beginnt	begann	hat begonnen
bieten	bietet	bot	hat geboten
bleiben	bleibt	blieb	ist geblieben
denken	denkt	dachte	hat gedacht
erhalten	erhält	erhielt	hat erhalten
essen	isst	ass	hat gegessen
fangen	fängt	fing	hat gefangen
fahren	fährt	fuhr	ist gefahren
fallen	fällt	fiel	ist gefallen
finden	findet	fand	hat gefunden
geben	gibt	gab	hat gegeben
gehen	geht	ging	ist gegangen
geschehen	geschieht	geschah	ist geschehen
gefallen	gefällt	gefiel	hat gefallen
haben	hat	hatte	hat gehabt
heissen	heisst	hiess	hat geheissen
kennen	kennt	kannte	hat gekannt
kommen	kommt	kam	ist gekommen
laufen	läuft	lief	ist gelaufen
liegen	liegt	lag	hat gelegen
nehmen	nimmt	nahm	hat genommen
nennen	nennt	nannte	hat genannt
rufen	ruft	rief	hat gerufen
sein	ist	war	ist gewesen
steigen	steigt	stieg	ist gestiegen

Infinitive	3rd sing. Pres.	Imperfect	3rd sing. Perf.
stehen	steht	stand	hat gestanden
schneiden	schneidet	schnitt	hat geschnitten
sprechen	spricht	sprach	hat gesprochen
sitzen	sitzt	sass	hat gesessen
sehen	sieht	sah	hat gesehen
schlafen	schläft	schlief	hat geschlafen
tragen	trägt	trug	hat getragen
trinken	trinkt	trank	hat getrunken
tun	tut	tat	hat getan
übertreiben	übertreibt	übertrieb	hat übertrieben
verlieren	verliert	verlor	hat verloren
werfen	wirft	warf	hat geworfen
wissen	weiss	wusste	hat gewusst

exaggerate (handwritten note next to übertreiben)
throw (handwritten note next to werfen)

EIN GESPRÄCH

HERR JONES: Weisst du was? Ich möchte heute nachmittag gern ins Kino gehen. Du hast wohl keine Lust mitzugehen, nehme ich an, oder gehst du ausnahmsweise mal mit?

FRAU JONES: Was kann man bei diesem Wetter sonst noch tun? In Deutschland bin ich noch nie im Kino gewesen. Man muss eigentlich alles einmal probieren.

HERR JONES: Schön! Dann gehen wir beide. Aber was wollen wir sehen?

FRAU JONES: Das musst du wissen. In diesen Sachen weisst du besser Bescheid als ich. Hast du schon in der Zeitung nachgesehen?

HERR JONES: Nein, noch nicht. Ich will gleich nachsehen. Vielleicht finden wir etwas, was uns beiden passt.

FRAU JONES: Aber bitte nichts mit Jazzkapellen und keine Kriegsfilme!

HERR JONES: Wir wollen mal sehen, was es gibt. Siehst du, das habe ich erwartet. Überall amerikanische Filme.

FRAU JONES: Um so besser. Ich kann sie wenigstens verstehen.

HERR JONES: Ja, aber sie sind meistens mit deutschem Text, und ausserdem haben wir sie fast alle schon gesehen. Aber warte mal! Hier ist vielleicht etwas für uns. Dieser Film über Berlin, den ich damals in England gesehen habe und den du sehen wolltest — er läuft hier im Metropol, allerdings mit deutschem Text. Ich möchte ihn ganz gern noch einmal sehen.

FRAU JONES: Also gut! Lass uns hingehen! Wann fängt die Vorstellung an?

HERR JONES: Um zwei. Wir haben noch Zeit genug.

(An der Kinokasse)

HERR JONES: Wo wollen wir denn sitzen? Unten oder oben?

FRAU JONES: Ich sitze nicht gern oben auf dem Balkon. Ich finde die Luft immer so muffig da oben.

HERR JONES: Da hast du recht. Ich bin auch für Parterre. Was meinst du, Sperrsitz oder zweites Parkett?

FRAU JONES: Ich sitze nicht gern zu weit nach hinten. Können wir nicht irgendwo in der Mitte sitzen?

HERR JONES: Gut! Dann nehmen wir zweites Parkett. Wir haben noch zwanzig Minuten Zeit. Wir wollen schnell noch eine Zigarette rauchen, denn im Kino dürfen wir nicht rauchen. Das weisst du, nicht wahr?

FRAU JONES: Ja, leider. Nimm zuerst die Karten, und dann rauchen wir schnell noch eine.

VOKABELN

die **Lust,** desire, wish	die **Jazzkapelle (-n),** jazz band
die **Luft (ⁿe),** air	das **Parterre,** ground floor

wenigstens, at least	**genug,** enough
muffig, stuffy	

passen (*w.*), to suit (governs *dative*)

ZUM LERNEN

Du hast keine Lust.	You don't want to.
Du weisst besser Bescheid als ich.	You know more about it than I do.
Um so besser!	All the better!
Warte mal!	Just wait a moment!
Lass uns hingehen!	Let's go!
da oben	up there
Ich bin auch für . . .	I too am in favour of . . .

AUFGABEN

1. Beantworten Sie folgende Fragen:

(1) Warum geht Herr Jones hin und wieder ins Kino? (2) Wann war Frau Jones zum erstenmal im Kino? (3) Wie war das Wetter an diesem Tag? (4) Was für Filme wollten sie nicht sehen? (5) Was für Plätze haben sie gewählt? (6) Wo sitzen sie beide nicht gern im Kino? (7) Wer geht nicht gern zu weit nach hinten? (8) Was darf man im Kino nicht tun? (9) Wann hat die Vorstellung begonnen? (10) Was haben sie zuerst gesehen? (11) Was sahen sie in der Wochenschau? (12) Was haben sie zwischen der Wochenschau und dem Hauptfilm gesehen? (13) Wo spielte die Geschichte, die sie dann auf der Leinwand gesehen haben? (14) Was für Filme mag Frau Jones nicht gern? (15) Wann sind in den Grossstädten die Theater meistens geschlossen? (16) Was für Dramen führt man auf? (17) Wo kann man gewöhnlich im Sommer Theaterstücke sehen?

2. Konjugieren Sie:

(a) Ich bin mit meinem Freund im Theater gewesen.

(b) Ich habe heute abend mein Lieblingsstück auf der Bühne gesehen.

3. Wiederholen Sie im Perfekt:

(1) Wo verbringst du den Tag? (2) Es regnet heute den ganzen Tag. (3) Wann fängt die Vorstellung an? (4) Wir bringen ein paar Stunden im Kino zu. (5) Diese Gerichte probiert er noch nicht. (6) Meine Frau bäckt heute einen Kuchen. (7) Das Buch fällt von dem Tisch. (8) Was geschieht heute morgen? (9) Er gibt mir kein Geld mehr. (10) Die Hausfrau schneidet das Brot. (11) Dieser Film gefällt mir gar nicht. (12) Die Kuchen suchen wir selber aus. (13) Ich spreche kein Wort. (14) Kennst du den Mann, den wir auf dem Bahnhof sehen? (15) Die Verkäuferin, die Ihnen die Strümpfe verkauft, übertreibt ihre Qualität. (16) Warum ziehen Sie Ihre Schuhe nicht an? (17) Sie beantworten meine Frage nicht. (18) Ich gehe ans Telefon, nehme den Hörer ab und werfe mein Geld ein. (19) Die Dame, die mit Ihrem Bruder plaudert, bleibt nicht lange in dieser Stadt. (20) Ihr Vorschlag passt mir gar nicht.

4. Ergänzen Sie:

(1) Dies— Kater ist leider sehr faul und fängt kei— Mäus—. (2) D— Film, d— in dies— Kino läuft, habe ich noch nicht gesehen. (3) Trickfilm— sieht man in d— ganzen Welt auf d— Leinwand. (4) Er wollte nicht auf d— Balkon gehen, denn er

sitzt lieber unten in d— Sperrsitz. (5) Nach d— Konferenz blieben dies— zwei Staatsmänner ei— Zeitlang zusammen. (6) Wir sind noch zu kei— Entschluss gekommen. (7) Kennen Sie d— Geschichte von d— Brand in dies— Hafen? (8) In vielen Länd— d— Welt hat man mehr Kino— als Theater. (9) Ich will kei— Tag mehr in d— Nähe von jen— Kleinstadt verbringen. (10) Ich gehe an d— Kasse, um mei— Karte zu kaufen.

5. Geben Sie die richtige Form des Verbs:

(1) Meine Frau [verstehen — *Präsens*] mehr Deutsch als sie [sprechen — *Präsens*]. (2) Er [äussern — *Imperfekt*] den Wunsch, ins Theater zu gehen. (3) Gestern [regnen — *Imperfekt*] es auch sehr stark. (4) Wo [laufen — *Präsens*] eigentlich der Film, den er heute nachmittag sehen [wollen — *Präsens*]. (5) Wie [heissen — *Imperfekt*] das Theaterstück, welches Sie gestern [sehen — *Imperfekt*]? (6) Du [sein — *Präsens*] bestimmt sehr hungrig, denn du [haben — *Perfekt*] noch kein Mittagessen. (7) Wie [gefallen — *Präsens*] es Ihnen hier in England? (8) Nach zehn Minuten [erreichen — *Imperfekt*] wir unser Hotel. (9) Was [mitbringen — *Perfekt*] dir dein Vater aus Deutschland? (10) Wo [hingehen — *Imperfekt*] Sie gestern abend?

6. Ergänzen Sie durch eine passende Präposition:

(1) — diesem Kino sitze ich nicht gern oben — dem Balkon. (2) Wir wollen nicht zu weit — vorne gehen. (3) Meine Frau ist gar nicht — Kriegsfilme. (4) — diese Weise können Sie es nicht tun. (5) — der Kasse warten viele Leute, denn die Vorstellung beginnt erst — zwei Uhr. (6) Die Kleinstädte haben — dem Gebiete des Theaters nicht viel zu bieten. (7) Filme — deutschem Text hat Frau Brown nicht gern. (8) Im Sommer sind die Theater — der Regel geschlossen. (9) Diese Woche haben wir eine grosse Auswahl — Filmen. (10) Die Vorstellung besteht — einem Trickfilm und dem Hauptfilm.

7. Übersetzen Sie:

(1) Let's not sit too far forward! (2) I visit him now and again. (3) Is it raining heavily? (4) Where is the film showing? (5) You should know that. (6) What can we do in this weather? (7) We can stay at home for once. (8) Don't you want to go to the theatre? All the better. (9) We have time enough. (10) You are right there. (11) Shall we sit downstairs or up-stairs? (12) I can't speak much German, but I can at least understand it. (13) One is not allowed to smoke in the cinema. (14) You have seen her to-day, haven't you? (15) I haven't looked in the newspaper yet. (16) Have you found something

that suits you? (17) He knows more about these things than I. (18) We have seen a film about Berlin. (19) Most people go every week to the cinema. (20) What has this place to offer us?

8. Übersetzen Sie:

Do you know Mr Scholz? I saw him yesterday evening at the theatre. I was there with my wife, for she likes to go to the theatre at least [mindestens] once every month. We have been to the theatre twice this month. Sometimes we go to the cinema too. A week ago we saw a film about life [the life] in Berlin in the post-war period and we found it very interesting, but in general I don't like going to the cinema.

In summer the theatres in our town are all closed and that is, of course, a pity. A year ago we went in the summer holidays to a spa on the Rhine, and there we visited the theatre frequently. Most spas and most small towns have theatres which are open not only in winter but also in summer. Many of these theatres produce plays of Shakespeare's. I have even seen more of Shakespeare's plays on the stage in Germany than in England.

IM RESTAURANT

In Deutschland erzählt man oft die Geschichte von dem Engländer, der die deutsche Speisekarte nicht kannte und infolgedessen sechs Monate lang jeden Mittag Schweinekotelett ass. Das ist zweifellos eine übertriebene Geschichte, aber trotzdem kann ein Engländer, der die deutsche Speisekarte zum erstenmal vor sich hat, leicht in Verlegenheit kommen. Die Suppen sind eigentlich kein Problem, denn in den Restaurants hat man keine grosse Auswahl an Suppen, aber mit den Fleischgerichten ist es nicht so einfach. Werfen wir also nun einen Blick auf eine typische deutsche Speisekarte!

[Siehe unten, Seiten 122–3.]

Nicht wahr, für den armen Ausländer ist das nicht so leicht? Sogar Herr Brown, der als Geschäftsmann oft nach Deutschland fährt und der von der deutschen Speisekarte einen guten Begriff hat, meidet noch immer manche Gerichte, deren Namen ihm rätselhaft erscheinen. Als er daher vor einigen Tagen mit seinem alten Freund Scholz zusammen im Restaurant ass, bat er ihn um eine Erklärung aller Gerichte, die er noch nicht kannte. Man kann sie leider nicht alle bestellen, bloss um sie kennenzulernen, aber eine mündliche Erklärung kostet nichts. Das war wenigstens eine kleine Abwechslung im Gespräch. Man will doch nicht immer von Politik, Sport oder Geschäftsangelegenheiten reden, und das Essen ist manchmal auch ein ganz interessantes Thema.

SPEISEKARTE

Suppen

Tagessuppe .... –.25
Kraftbrühe mit Einlage .... –.40
Tomatensuppe .... –.50
Tasse Schildkrötensuppe .... –.90

Gedeck 1. Tagessuppe
2 Spiegeleier mit Bratkartoffeln und Spinat 1.30

Gedeck 2. Tagessuppe
Bratwurst mit Salzkartoffeln und Rotkohl 1.50

Gedeck 3. Tagessuppe
Deutsches Beefsteak mit Spaghetti 2.10
Erdbeereis

Gedeck 4. Tagessuppe
Schweinekotelett mit Salzkartoffeln und Bohnengemüse 2.60
Erdbeereis

Gedeck 5. Tagessuppe
Wiener Schnitzel mit gem. Salat und Bratkartoffeln 2.80
Erdbeereis

Kleine Gerichte

Riesenbockwurst mit Kartoffelsalat 1.20
2 Paar Frankfurter mit Sauerkraut 1.20
Thüringer Bratwurst mit Bratkartoffeln ... 1.10
Hackbraten mit gem. Salat 1.30

Geflügel

½ Brathuhn mit gem. Salat.............4.50

Fleischgerichte

Kalbsbraten mit Bratkartoffeln und Wir-
singkohl 1.70
Ochsenfleisch mit Kopfsalat...........1.50
Kasseler Rippchen mit Rotkohl........1.80
Wiener Schnitzel mit Pommes Frites und
verschiedenen Salaten............2.50
Rumpsteak mit gem. Salat und Pommes
Frites 3.50

Fische

Kabeljau gebacken mit Mayonnaisen-Salat. 1.60
Schellfisch gekocht mit zerlassener Butter
und Salzkartoffeln 1.80
Heilbutt vom Rost, verschiedene Salate....2.50
Bachforelle „Müllerin Art" mit Kartoffeln
von 2.00 bis 4.50

Kalte Speisen

Schinkenbrot...........................1.50
Gemischter Wurstaufschnitt 1.60
Kalter Schweinebraten mit Brot und Butter 1.80
Roastbeef kalt, Remouladensauce und
Kartoffelsalat 1.90
Ochsenmaulsalat 1.00
2 Russische Eier 1.30
Restaurationsschnittchen..............2.10
Bismarckhering.......................–.50

Käse

Emmentaler ....–.90
Edamer ....–.90

VOKABELN

die **Speisekarte** (-n), menu

das **Problem** (-e), problem

die **Erklärung** (-en), explanation

die **Politik,** politics

das **Thema** (**Themen, Themata**), subject

die **Verlegenheit** (-en), confusion, embarrassment

der **Begriff** (-e), idea, conception

die **Abwechslung** (-en), variety, change

der **Sport,** sport

infolgedessen, consequently
leicht, easy, easily
arm, poor
rätselhaft, puzzling
mündlich, oral

zweifellos, doubtless, no doubt
typisch, typical
oft, often
daher, therefore

meiden (*str.*), to avoid

ZUM LERNEN

Man kann leicht in Verlegenheit kommen.

One easily becomes confused.

Werfen wir einen Blick *auf* eine Speisekarte!

Let us cast a glance at a menu.

THE MENU

die **Tagessuppe,** soup of the day, *i.e.,* stock soup

die **Schildkröte** (-n), turtle

das **Gedeck** (-e), table d'hôte meal (also a 'cover' at table)

das **Spiegelei** (-er), fried egg

der **Spinat,** spinach

die **Salzkartoffeln,** ordinary boiled potatoes

deutsches Beefsteak, beef rissole

das **Eis,** ice

die **Erdbeere** (-n), strawberry

die **Bohne** (-n), bean

das **Bohnengemüse,** implies French beans

mit gem. [gemischtem] Salat, with assorted salad

die **Riesenbockwurst** (¨e), an especially large (*cf.* der **Riese,** giant) boiled sausage

das **Paar Frankfurter** (**Würstchen**), couple of small pork sausages heated by simmering slowly

Thüringer Bratwurst, sausage for frying of a kind made in Thuringia [*Thüringen*]

der **Hackbraten,** minced pork made into a rissole and fried

das **Brathuhn** (¨er), roast chicken

der **Kabeljau** (-s), codfish

THE MENU (*continued*)

der **Schellfisch** (-e), haddock **mit zerlassener Butter,** with melted butter

der **Heilbutt,** halibut **verschiedene Salate,** assorted salads

die **Bachforelle** (-n), trout **Müllerin Art,** as served in the country (*i.e.* by the miller's wife)

der **Braten,** roast

der **Kopfsalat,** lettuce **Kasseler Rippchen,** pickled ribs of pork

Pommes Frites, chips

der **Emmentaler,** Swiss cheese from the Emmental

der **Edamer,** Dutch cheese from Edam

der **Schinken,** ham

das **Schinkenbrot** (-e), open ham sandwich **kalt,** cold

die **Remouladensauce,** thick piquant sauce or mayonnaise

das **Ochsenmaul,** mouth of an ox

der **Ochsenmaulsalat,** salad made partly from the trimmings from the ox tongue

das **Russische Ei** (-er), Russian egg (egg hard boiled with mayonnaise and vegetable salad)

das **Restaurationsschnittchen,** open sandwich made up of a variety of meats and garnished with salad and herring

der **Bismarckhering** (-e), a variety of pickled herring

Note also:

das **Rindfleisch,** beef
das **Hammelfleisch,** mutton

die **Leber,** liver
die **Niere,** kidney

GRAMMATIK

(a) *Declension of the Adjective after the Definite and Indefinite Articles*

As will have been noted from various examples which have occurred the adjective when used attributively (*i.e.*, in front of a noun) is declined. The following table of endings showing the declension endings of the adjective after the articles should be gradually memorised and frequently practised.

	Masculine	*Feminine*
Nom:	**der** alte Mann	**die** junge Frau
	ein alter Mann	**eine** junge Frau
Acc:	**den** alten Mann	**die** junge Frau
	einen alten Mann	**eine** junge Frau
Gen:	**des** alten Mann(e)s	**der** jungen Frau
	eines alten Mann(e)s	**einer** jungen Frau
Dat:	**dem** alten Mann(e)	**der** jungen Frau
	einem alten Mann(e)	**einer** jungen Frau

Neuter

Nom:	**das** kleine Kind
	ein kleines Kind
Acc:	**das** kleine Kind
	ein kleines Kind
Gen:	**des** kleinen Kind(e)s
	eines kleinen Kind(e)s
Dat:	**dem** kleinen Kind(e)
	einem kleinen Kind(e)

(*b*) *Notes to Assist in Memorising the Declension Table*

1. After the definite article (**der, die, das**) the adjective adds **e**.

2. The only change from nominative to accusative is in the masculine where the adjective ending becomes **en**.

3. After the indefinite article (**ein**) the adjective takes the *definite* article ending, masculine **er,** neuter **es,** to show the gender of the noun.

4. Throughout the genitive and dative the adjective adds **en.**

EIN GESPRÄCH

HERR BROWN: Was wollen wir denn essen? Der Ober kommt.

HERR SCHOLZ: Machen Sie mal einen Vorschlag! Ich habe, offen gesagt, keinen richtigen Appetit.

HERR BROWN: Ich weiss auch nicht, was ich essen soll. Was sagen Sie zu Gedeck 4?

HERR SCHOLZ: Tagessuppe, Schweinekotelett mit Salzkartoffeln und Bohnen und als Nachtisch Erdbeereis. Ach so! Schweinekotelett! Bei Ihnen ist das hoffentlich nicht so wie bei dem anderen Engländer, der die Speisekarte nicht kannte und sechs Monate lang tagtäglich Schweinekotelett essen musste?

HERR BROWN: Nein, so schlimm ist es bei mir nicht. Aber ich muss zugeben, es gibt noch immer viele Gerichte, die ich nicht kenne.

HERR SCHOLZ: Das glaube ich. Also gut! Nehmen wir Gedeck 4!

OBER: Guten Tag, meine Herren. Was darf es sein?

HERR SCHOLZ: Wir nehmen zweimal Gedeck 4, Herr Ober.

OBER: Und möchten die Herren etwas trinken?

HERR BROWN: Ich trinke ein Glas Bier.

HERR SCHOLZ: Ich auch, Herr Ober.

OBER: Also zweimal Gedeck 4 und zwei Bier. Kommt sofort.

HERR BROWN: Wir sprachen soeben von der Speisekarte. Vielleicht wollen Sie so gut sein und mir so manches erklären, was mir noch unbekannt ist.

HERR SCHOLZ: Gerne. Das heisst, so gut ich kann. Ich bin nämlich selber kein Küchenmeister.

HERR BROWN: Was ist zum Beispiel Hackbraten? Das wollte ich schon immer wissen. Das ist immer so billig, und ein Braten ist doch sonst verhältnismässig teuer.

HERR SCHOLZ: Ja, sehen Sie, das ist kein richtiger Braten, wie etwa Schweinebraten oder Rinderbraten. Das ist nur Hackfleisch, in diesem Fall Schweinefleisch ganz klein geschnitten, zu einer Art Fleischkloss gemacht und dann gebraten.

HERR BROWN: Dann ist es so ähnlich wie deutsches Beefsteak, nur aus Schweinefleisch statt aus Rindfleisch?

HERR SCHOLZ: Richtig! Sie haben es erfasst.

HERR BROWN: Und was für ein Fisch ist eigentlich Kabeljau?

HERR SCHOLZ: Das ist dieser grosse, etwas geschmacklose Fisch, den man in England so häufig isst und der etwas billiger ist als jede andere Sorte.

HERR BROWN: Ich weiss, was Sie meinen. Das ist was wir *cod* nennen.

HERR SCHOLZ: Wissen Sie übrigens, was Schellfisch ist?

HERR BROWN: Ja, das sind solche Fische wie Muscheln, nehme ich an.

HERR SCHOLZ: Nein, in diesem Fall haben Sie unrecht. Muscheln sind Schaltiere. Der Schellfisch ist so ähnlich wie der Kabeljau, nur kleiner und für meinen Geschmack wenigstens viel besser. *Haddock* heisst er, glaube ich, auf englisch.

HERR BROWN: Ach! so ist das! Und was heisst eigentlich „zerlassene Butter"?

HERR SCHOLZ: Zerlassene Butter ist nur geschmolzene Butter.

HERR BROWN: Vielen Dank. Da habe ich wieder etwas
gelernt. Da kommt aber unser Ober mit der Suppe. Man
sagt ,,Der Appetit kommt mit dem Essen'', aber ich glaube
beinahe, bei mir kommt er mit dem Gespräch.

VOKABELN

der **Ober** (-), waiter (*i.e.* **Ober-kellner**)

der **Appetit** (-e), appetite

der **Küchenmeister** (-), cook, *maître de cuisine*

der **Fleischkloss** (¨e), mea‘ ball

die **Muschel** (-n), mussel, shell-fish

das **Schaltier** (-e), shell-fish

tagtäglich, day in day out

unbekannt, unknown, un-familiar

billiger, cheaper

soeben, just, just now

verhältnismässig, compara-tively

ähnlich, similar

braten (*str.* **er brät**), to roast, to fry

schmelzen (*str.* **er schmilzt**), to melt

annehmen, to assume

ZUM LERNEN

sechs Monate lang	for six months
so manches	lots of things, a few things
also gut!	all right then!
so gut ich kann	to the best of my ability
Das wollte ich schon im-mer wissen.	I've always wanted to know that.
so ähnlich wie	very similar to
Sie haben es erfasst.	You have got the idea.
so ist das!	That's what it is!

AUFGABEN

1. Beantworten Sie folgende Fragen:

(1) Was musste der arme Engländer tun, der die deutsche Speise-karte nicht kannte? (2) Warum sind die Suppen kein Problem für den Ausländer? (3) Was für Gerichte meidet Herr Brown?

(4) Worum bat er vor einigen Tagen seinen Freund Scholz? (5) Was ist manchmal ein ganz interessantes Thema? (6) Woraus bestand Gedeck 4? (7) Was sagte der Ober? (8) Was bestellte Herr Scholz? (9) Was tranken die beiden Herren? (10) Was ist meistens verhältnismässig teuer? (11) Was ist Hackbraten? (12) Was ist zerlassene Butter?

2. Ergänzen Sie:

(1) D— klein— Sohn dies— deutsch— Dame spricht ei— sehr komisch— Deutsch. (2) Mir schmeckt dies— kalt— Suppe gar nicht. (3) Wegen d— schlecht— Wetter— kann ich heute kei— lang— Spaziergang machen. (4) Gestern ging ich mit mei— alt— Freund Scholz in ei— schön— Restaurant nicht weit von d— gross— Bahnhof. (5) Ei— so geschmacklos— Fisch esse ich nicht gern. (6) In d— modern— Kino in d— Nähe von Ih— schön— Haus habe ich ei— gut— Film gesehen. (7) Kennen Sie d— interessant— Geschichte d— faul— Kater—? (8) Ei— ähnlich— Gericht habe ich schon in ei— ander— Restaurant gegessen. (9) Nach Ih— mündlich— Erklärung brauche ich dies— Gerichte nicht mehr zu meiden. (10) D— Problem d— deutsch— Speisekarte ist für d— arm— Ausländer kei— sehr leicht— Problem.

3. Wiederholen Sie im Imperfekt und im Perfekt:

(1) Der Kellner sagt kein Wort. (2) Die Hausfrau brät die Kartoffeln. (3) Mein deutscher Freund erklärt mir die Speisekarte. (4) Das nimmt er sofort an. (5) Sie übertreiben die Geschichte. (6) Ich komme manchmal in Verlegenheit. (7) Essen Sie jeden Mittag Schweinekotelett? (8) Warum kommt der Ober noch nicht? (9) Der Braten ist ziemlich teuer. (10) Du lernst auf diese Weise wieder etwas.

4. Übersetzen Sie:

(1) This boring subject does not please me at all. (2) I will explain the menu to you to the best of my ability. (3) I've always wanted to go there [*Imperfect*]. (4) For six months I lived on the Rhine. (5) Haddock is very similar to cod but not so tasteless. (6) He has got the idea! (7) Mr Brown has ordered a glass of beer. (8) This poor Englishman does not understand this German menu. (9) He asked me for an explanation of every difficult word. (10) Which play did you see yesterday at the small theatre in that German spa?

5. Ergänzen Sie und geben Sie die richtige Form des Verbs:

(1) Ich [kaufen — *Perfekt*] ei— teuer— Briefmarke für mei— gross— Album. (2) D— dumpfig— Luft oben auf d— Balkon

D.S.D.—I

[sein — *Imperfekt*] mir sehr unangenehm. (3) [Kennen — *Perfekt*] Sie auch d— nett— Schwager mei— alt— Freundin? (4) Nach sei— rätselhaft— Antwort [wissen — *Imperfekt*] ich nicht, was ich sagen [sollen — *Imperfekt*]. (5) [Sehen — *Perfekt*] du gestern abend d— gross— Brand in d— Mitte unse— klein— Stadt? (6) Ei— berühmt— Staatsmann [schreiben — *Perfekt*] dies— langweilig— Buch. (7) D— höflich— Gepäckträger [werfen — *Imperfekt*] ei— schnell— Blick in d— Fahrplan und sagte mir dann mit welch— Zug ich fahren [müssen — *Imperfekt*]. (8) Man [dürfen — *Präsens*] kei— so kalt— Bier trinken. (9) Wie [gefallen — *Imperfekt*] Ih— Gattin gestern abend d— Oper? (10) Im Sommer sind in d— Grossstädten d— Theater meistens geschlossen, aber in dies— schön— Kleinstadt [können — *Präsens*) man zu jed— Zeit etwas Gut— sehen.

6. Übersetzen Sie:

A foreigner, who travels to Germany for the first time, to spend his holidays in that country does not find the German menu in the restaurants very easy to understand. A friend of mine [say 'of me'], with whom I had lunch a week ago, has been in Germany frequently, but he still avoids many dishes, for he does not know what they consist of. He had never eaten Kasseler Rippchen, but I explained to him not only this dish but many meat dishes which he did not know. Finally we ordered a pork cutlet with fried potatoes and mixed salad, for my friend said: "You [du] have explained all these dishes to me, but I have never tried them and I do know [add 'doch') what a pork cutlet is. I don't want to order something [add 'was'] I can't eat, for I have a really good appetite to-day." I laughed, for I thought of [an] the well-known [bekannt] case of the Englishman who ordered pork cutlet day in day out. To him the German menu appeared puzzling also.

LEKTION ACHTZEHN

IM PARK

Fahren Sie eigentlich diesen Sommer nach Deutschland?
Ja? Dann werden Sie wahrscheinlich irgend einen schönen
Kurort oder irgend ein kleines Dörfchen auf dem Lande
besuchen. Verbringen Sie bloss nicht Ihre ganzen Ferien in
einer Grossstadt. Ich kann Ihnen keinen besseren Rat geben.
Ich habe nämlich einen Freund, der voriges Jahr drei Wochen
in einer Grossstadt in Süddeutschland zubrachte. Das wird
er nie wieder tun, denn er fand das Klima unerträglich heiss
und schwül. Bei heissem Wetter werden Sie in der Grossstadt die frische Luft der Berge oder des Meeres sehr vermissen.
   Eine kleine Entschädigung bieten die deutschen Grossstädte trotzdem. London ist nämlich nicht die einzige Grossstadt der Welt, die wegen ihrer schönen Parks, der sogenannten
Lungen von London, berühmt ist. In fast allen deutschen
Grossstädten werden Sie einen Stadtpark oder einen Stadt-
garten finden, wie etwa den Englischen Garten und den Hof-
garten in München oder den Stadtpark in Stuttgart, unter
dessen schattigen Bäumen man vor den heissen Strahlen der
Mittagssonne Schutz suchen kann.
   In fast all diesen Parks werden Sie einen Teich mit einem
fröhlich plätschernden Brunnen und Goldfische finden, wie
zum Beispiel die bekannten Goldfische im Schlossgarten in
Stuttgart, die von einer ganz seltenen Grösse und Schönheit
sind und täglich viele Besucher anziehen. Die Leute scheinen
alle die Fische um das kühle Wasser zu beneiden, denn bei
der Hitze haben die Goldfische es bestimmt besser als die
Menschen.
   Der Rasen in den Parks wird zwar nicht so grün sein wie der
Rasen in England, aber er wird immerhin verlockend
aussehen. Mit welcher Freude werden Sie die müden
Glieder auf diesem Rasen ausstrecken! Aber die Sache hat
leider einen Haken. Das Betreten des Rasengeländes ist
streng verboten! So werden Sie mit einer sehr harten un-
bequemen Holzbank vorliebnehmen müssen und nur im

Sitzen Ihr Mittagsschläfchen halten können. In der Tat werden Sie viele Leute sehen, die auf diesen Bänken sitzen und schlafen, besonders um die Mittagszeit. Dann kommen die Mädchen und die jungen Männer aus den Büros und nehmen die sämtlichen Bänke in Anspruch. Sie werden deswegen schon früh hingehen müssen, um noch Platz zu finden.

VOKABELN

der **Park** (-s), park
das **Dörfchen** (-), little village
   Süddeutschland, Southern Germany
der **Berg** (-e), mountain
die **Entschädigung** (-en), compensation
der **Garten** (ː), garden
der **Strahl** (-en), ray
der **Schutz,** protection
der **Brunnen** (-), fountain
das **Schloss** (ːer), castle
der **Besucher** (-), visitor
der **Rasen,** turf, lawn
das **Glied** (-er), limb
das **Rasengelände,** grass (in park)
das **Mittagsschläfchen** (-), noon-day sleep
das **Mädchen** (-), girl

das **Dorf** (ːer), village
der **Rat,** advice
das **Klima** (-s & -te), climate

das **Meer** (-e), sea
die **Lunge** (-n), lung

der **Baum** (ːe), tree
die **Sonne** (-n), sun
der **Teich** (-e), pond
der **Goldfisch** (-e), goldfish
die **Schönheit** (-en), beauty
die **Hitze,** heat
die **Freude** (-n), joy, delight
der **Haken** (-), difficulty, hook
die **Holzbank** (ːe), wooden seat

die **Tat** (-en), deed

der **Anspruch** (ːe), claim

vorig, last, previous
schwül, close, sultry
einzig, single, only
schattig, shady
plätschernd, splashing
immerhin, all the same
streng, strict(ly)
sämtlich, all, entire

unerträglich, unbearably
frisch, fresh
sogenannt, so-called
fröhlich, merrily, merry
kühl, cool
verlockend, enticing
hart, hard

vermissen (*w.*), to miss
aussehen (*str. sep.*), to look

betreten (*str. insep.* **er betritt**), to step on, to tread on
vorliebnehmen (*str. sep.*), to put up with

anziehen (*str. sep.*), to attract
ausstrecken (*w. sep.*), to stretch out
verbieten (*str.*), to forbid

ZUM LERNEN

Man sucht Schutz vor den Strahlen der Sonne.	One seeks protection from the rays of the sun.
Sie beneiden die Fische um das kühle Wasser.	They envy the fishes their cool water.
Die Fische haben es besser als die Menschen.	The fishes are better off than human beings.
Die Sache hat leider einen Haken.	Unfortunately there is a difficulty (a snag).
Das Betreten des Rasengeländes ist verboten.	Keep off the grass!
die sämtlichen Bänke	all the seats
Man hält Mittagsschläfchen	One has a midday sleep (a 'nap')
in der Tat	in fact, indeed
Sie nehmen sie in Anspruch.	They claim (occupy) them.

GRAMMATIK

(a) *The Future Tense*

1. The future tense is formed by means of the auxiliary verb **werden** (corresponding to the English *shall* or *will*) and an infinitive. **Werden** is conjugated as follows:

ich **werde**	wir **werden**
du **wirst**	ihr **werdet**
er ⎱	Sie **werden**
sie ⎰ **wird**	sie **werden**
es	
man	

The infinitive is thrown to the end of the clause.

e.g. **Ich werde ihn morgen nachmittag um drei Uhr besuchen.**

Wird er das auch tun können?

2. In a subordinate clause the finite verb, *i.e.* in this case the auxiliary verb, stands immediately after the infinitive.

e.g. **Ich kenne den Kellner, der uns in diesem Restaurant bedienen wird.**

Ich gab Ihnen die Feder, womit Sie Ihren Brief schreiben werden.

(*b*) *Declension of the Article, Adjective and Noun in the Plural*

The indefinite article has no plural and consequently all defining words—**dieser, jener,** etc.—and the possessive adjectives take the same ending as the definite article in the plural and all impose the ending **en** on the adjective standing before the plural noun:

Nom:	**die** alten Männer		**meine**	neuen Bücher
Acc:	**die** alten Männer		**meine**	neuen Bücher
Gen:	**der** alten Männer		**meiner**	neuen Bücher
Dat:	**den** alten Männern		**meinen** neuen Büchern

EIN GESPRÄCH

PARKAUFSEHER: Was machen Sie denn da?

HERR JONES: Ich versuche zu schlafen, Herr Parkaufseher, aber ich bringe es doch nicht fertig.

PARKAUFSEHER: Können Sie denn nicht lesen? Das Betreten des Rasengeländes ist streng verboten.

HERR JONES: O ja! Verzeihung! Daran hatte ich gar nicht gedacht.

PARKAUFSEHER: Wo kommen Sie denn her?

HERR JONES: Aus England.

PARKAUFSEHER: So! Darf man denn in den englischen Parks auf dem Rasen liegen? Zur Zeit meines Aufenthaltes in England war es, glaube ich, nicht so.

HERR JONES: Doch! In unseren Parks ist das Betreten des Rasens meistens nicht verboten, höchstens um die Blumenbeete herum. Wann waren Sie eigentlich in England, Herr Parkaufseher?

PARKAUFSEHER: O, das ist schon lange her. Ich war vor zwanzig Jahren ein paar Monate lang Kellner in einem englischen Restaurant. Ich habe nicht viel von Ihren Parks gesehen. Ich hatte immer zu viel Arbeit, um sonntags spazierenzugehen, aber wer will bei dem englischen Wetter überhaupt auf dem Rasen liegen?

HERR JONES: Das englische Wetter hat einen schlechten Ruf, das weiss ich, aber so schlimm ist es doch nicht immer.

PARKAUFSEHER: Ja, das stimmt auch. Ich denke sogar mit Freude an einen sehr schönen sonnigen Tag zurück, den ich einmal an der Themse verlebt habe.

HERR JONES: Sehen Sie! Schönes Wetter gibt es manchmal bei uns auch.

PARKAUFSEHER: Ja, das mag wohl sein. Ich muss Sie aber bitten, den Rasen nicht noch einmal zu betreten. Das nächste Mal wird mein Kollege Sie vielleicht erwischen, und dann werden Sie möglicherweise nicht unbestraft davonkommen. In England ist man in solcher Hinsicht nicht so streng, das weiss ich. Seien Sie nicht wie der Engländer in der bekannten Geschichte, der auf der Strasse in einer deutschen Stadt Papier zerriss und überall verstreute. Man brachte ihn zur Polizeiwache, er bezahlte die übliche Geldstrafe von zwei Mark fünfzig, kam wieder heraus und zerriss im Gehen die Quittung. Was sind die Engländer für ein leichtsinniges Volk!

HERR JONES: Ich werde auf jeden Fall in Zukunft vorsichtig sein, Herr Parkaufseher. Vielen Dank.

PARKAUFSEHER: Bitte schön. Auf Wiedersehen.

VOKABELN

der **Aufseher** (-), keeper, attendant

der **Ruf** (-e), reputation (also 'cry')

der **Kollege** (*Gen.* -n, *Plural* -n), colleague

die **Polizeiwache** (-n), police station

die **Quittung** (-en), receipt

die **Zukunft,** future

das **Blumenbeet** (-e), flowerbed

die **Themse,** Thames

das **Papier** (-e), paper

die **Geldstrafe** (-n), fine

das **Volk** (¨er), nation, people

höchstens, at most
möglicherweise, possibly
leichtsinnig, frivolous

sonnig, sunny
unbestraft, unpunished

spazierengehen (*str. sep.*), to go for a walk

verleben (*w. insep.*), to experience, to spend (time)

davonkommen (*str. sep.*), to escape

verstreuen (*w.*), to scatter

zurückdenken (*w. irreg. sep.*), to think back

erwischen (*w.*), to catch

zerreissen (*str.*), to tear up

ZUM LERNEN

Ich bringe es nicht fertig.	I can't manage it. (I don't succeed.)
Verzeihung.	I beg your pardon.
Daran hatte ich nicht gedacht.	I hadn't thought of it.
zur Zeit meines Aufenthaltes	at the time of my stay
Doch!	O yes!
Das ist schon lange her.	That's a long time ago.
Das mag wohl sein.	That may well be the case.

AUFGABEN

1. Beantworten Sie folgende Fragen:

(1) Warum soll man nicht seine ganzen Sommerferien in einer deutschen Grossstadt zubringen? (2) Was wird man bei heissem Wetter in der Grossstadt vermissen? (3) Welche Entschädigung bieten die deutschen Städte? (4) Wo sucht man Schutz vor den Strahlen der Mittagssonne? (5) Warum ziehen die Goldfische im Schlossgarten von Stuttgart so viele Besucher an? (6) Worum [um was] beneiden die Menschen manchmal die Fische? (7) Was ist streng verboten? (8) Wann sitzen viele Leute auf den Bänken? (9) Wer nimmt sämtliche Bänke in Anspruch? (10) Wann war der Parkaufseher in England gewesen? (11) Warum ging er zur Zeit seines Aufenthalts in England selten spazieren? (12) Was für einen Ruf hat das englische Wetter? (13) An welchem Fluss [river] hatte der Parkaufseher einmal einen schönen sonnigen Tag verlebt? (14) Erzählen Sie die Geschichte von dem Engländer, der in einer deutschen Stadt Papier auf der Strasse verstreute!

2. Wiederholen Sie im Futur:

(1) Du denkst wahrscheinlich häufig daran. (2) Im Sommer gibt es schönes Wetter. (3) Ich spreche mit dem Mann, der uns morgen besucht. (4) Sehen Sie Ihren Freund heute nachmittag? (5) Er kommt vielleicht etwas früher an. (6) Ich kann mit dieser alten Feder nicht schreiben. (7) Ihr findet es bestimmt schwer. (8) Man ist in dieser Hinsicht nicht so streng. (9) Der Zug hat möglicherweise Verspätung. (10) Morgen stehen wir hoffentlich nicht zu spät auf.

3. Ergänzen Sie:

(1) Warum gehen d— Gattinnen dies— alt— Herren nicht mit in d— schön— Café? (2) Bei dies— Hitze haben d— klein—

Goldfische es viel besser als d— Menschen. (3) D— sämtlich—
Kino— sind heute geschlossen. (4) Aus welch— europäisch—
Länd— kommen dies— komisch— Leute? (5) Von unse— alt—
Freund—, die in ei— Kleinstadt in Süddeutschland wohnen,
haben wir lange nichts mehr gehört. (6) Er beneidet sei—
jung— Bruder um sei— schön— Briefmarkenalbum. (7) Ich
kann Ihnen kei— besser— Büch— empfehlen als dieses. (8) Aus
d— kalt— Gericht— müssen wir etwas wählen. (9) D— verschieden— Salat—, deren Namen ich auf d— Speisekarte lese,
kenne ich alle nicht. (10) Auf jen— hart— Holzbänk— kann
man nicht schlafen.

4. Ergänzen Sie durch eine passende Präposition:

(1) Meine Arbeit nimmt meine ganze Zeit — Anspruch. (2) Ich
dachte oft — meine Ferien am Rhein und fuhr endlich — sehr
schönem Wetter noch einmal dahin. (3) Es ist — der Tat ganz
anders als Sie denken. (4) Ich beneide ihn — seine schöne
Stimme. (5) Die deutschen Städte sind — ihrer schönen Anlagen berühmt. (6) Sie müssen heute — kalten Gerichten vorliebnehmen. (7) — die Mittagszeit kommen immer viele Leute
in den Park. (8) Das Essen ist — jeden Fall viel besser als ich
erwartete. (9) Ich werde — Zukunft sehr vorsichtig sein.
(10) Werfen Sie kein Papier — die Strasse!

5. Setzen Sie in den Plural:

(1) Nicht weit von dem alten Bahnhof steht unser neues Haus.
(2) In welcher deutschen Stadt wirst du wohnen? (3) Hast du
meinen frischen Salat noch nicht probiert? (4) Dieser neue
Aufseher ist nicht so streng wie sein unhöflicher Kollege. (5) Der
leichtsinnige Engländer zerriss seine Quittung. (6) Unter dem
schattigen Baum lag der müde Engländer und schlief. (7) In
meinem kleinen Garten werden Sie keinen grossen Baum finden.
(8) Das blaue Buch, aus dem Sie die lange Geschichte lasen, war
nicht sehr interessant. (9) Mit jenem deutschen Mädchen macht
mein kleiner Bruder keinen sehr langen Spaziergang. (10) Er
ist wegen seiner grossen Tat sehr berühmt.

6. Ergänzen Sie durch ein passendes Verbum:

(1) Die Sache — leider ihren Haken. (2) Ich — manchmal an
die schönen alten Zeiten zurück. (3) Das — Sie bestimmt nicht
fertig. (4) Wir haben einen sehr schönen Tag am Rhein —.
(5) Es — zu viel Zeit in Anspruch. (6) Ich bin so müde. Ich
muss jetzt Mittagsschläfchen —. (7) Die Schönheit der Berge —
jeden Sommer viele Besucher. (8) Ein sehr guter Freund von
mir fährt heute auf drei Jahre nach Deutschland. Ich werde ihn
sehr —. (9) Sie haben immer Glück. Sie — es in mancher

Hinsicht sogar viel besser als wir. (10) Ich — ihn sehr um sein schönes Haus, aber jetzt habe ich auch eine schöne Wohnung und infolgedessen — ich ihn jetzt nicht mehr.

7. Wiederholen Sie im Futur:

(1) Ich suchte ihn sehr lange. (2) Er hat mich sehr vermisst. (3) Die Kellnerin, die der Dame die Strümpfe verkaufte, trug selber keine Strümpfe. (4) Was sagt er zu diesem Gericht? (5) Ich habe ihn leider nicht erwischt. (6) Ich ging heute nachmittag spazieren. (7) Er hat heute einen neuen Anzug angezogen. (8) Ich konnte das auch nicht tun. (9) Der Ober empfiehlt uns Kasseler Rippchen mit Salat. (10) In diesem Anzug sieht der Herr etwas komisch aus.

8. Übersetzen Sie:

(1) I beg your pardon. I didn't know that. (2) Oh yes, I do know him. (3) What will the poor people say? (4) Can't you manage it? (5) You must put up with it. (6) Next time we shall catch you. (7) My little brother is going with his little friends into the park. (8) Is there any difficulty? (9) This café is famous for its coffee. (10) He will not be able to give me any advice. (11) You are not the only friend [whom] I have. (12) He had a very bad reputation. (13) That may well be the case. (14) You see! I was right. (15) Was that so long ago?

9. Übersetzen Sie:

My brother, who has never been in Germany, is going there this summer. He will probably visit an old friend of mine, who lives in a small town in Southern Germany. I know this town very well. It has a very beautiful park with a large pond, in the middle of which a merrily splashing fountain throws a jet of water [Wasserstrahl] into the air. It is to be hoped the weather will not be too hot, for in that [this] case he will not find it very comfortable even in the park. He will be able to sit on a wooden seat under the shady trees, but he will not be allowed to lie on the grass, for that is strictly forbidden.

I shall perhaps go to Germany later in the summer, but this year I shall not go to Southern Germany but to the Rhine. After his stay with [bei] my friend in Southern Germany my brother will come to Bonn and spend a few days with my German friends there.

BUNDESBAHN UND STRASSENBAHN

„Achtung! Achtung! Der D-Zug aus Richtung Hamburg-Bremen-Münster-Düsseldorf, planmässige Ankunft um 13 Uhr 10, planmässige Weiterfahrt um 13 Uhr 20 in Richtung Mainz-Mannheim-Heidelberg-Stuttgart-Ulm-München, hat Einfahrt auf Bahnsteig 4 B.   Bitte, Vorsicht bei der Einfahrt des Zuges."
Mit solchen ausführlichen Bekanntmachungen über den Lautsprecher sorgt die deutsche Bundesbahn dafür, dass die Reisenden, die auf dem Bahnhof warten, weder in den falschen Zug einsteigen noch ihren Zug überhaupt verpassen.
Aber Moment, bitte!   Sie sind noch nicht so weit!   Sie haben noch keine Fahrkarte.   Dann müssen Sie zuerst an den Fahrkartenschalter gehen und Ihre Fahrkarte lösen.   Dass es zwei Klassen gibt, wissen Sie wohl schon.   Zweite Klasse gibt es nicht in allen internationalen Zügen.   Die meisten Leute fahren sowieso zweiter Klasse.   Man unterscheidet auch Personenzüge, Eilzüge, D-Züge und F-Züge.   Ein Personenzug ist ein Zug, der überall hält und nicht so schnell fährt, wie die anderen Züge.   Der Eilzug, wie der Name schon andeutet, „eilt", fährt aber nicht so schnell wie der D-Zug (Durchgangszug).   Der F-Zug ist ein Luxusfernzug.   Die D- und F-Züge kann man nur benutzen, wenn man Zuschlag bezahlt.   Seit Juli 1954 beträgt der D-Zugzuschlag DM 2 für alle Entfernungen.   Wenn man einen F-Zug benutzen will, muss man bei jeder Klasse und jeder Entfernung nicht nur den entsprechenden D-Zugzuschlag sondern auch einen weiteren Zuschlag von vier Mark bezahlen.
Jetzt sind Sie ziemlich genau unterrichtet und können Ihre Fahrkarte lösen.   Die Frage ist nun, ob Sie eine einfache Karte oder eine Rückfahrkarte lösen wollen.   In gewissen Fällen gibt es Ermässigung für Hin- und Rückfahrt.   Bevor Sie Ihren Fahrschein kaufen, müssen Sie genau wissen, wie lange Sie am Zielort bleiben wollen.   Dann können Sie vielleicht eine Sonntagsrückfahrkarte nehmen, die von Samstagmittag bis Mitternacht am Montag gültig ist.   Oder vielleicht

kommt für Sie eine Rückfahrkarte in Frage. Dann werden Sie allerdings höchstens sechs Tage am Zielort bleiben können.

Wenn Sie nun endlich wissen, was Sie für eine Fahrkarte brauchen, können Sie an den Schalter gehen, um sie zu lösen. Man sagt dann „Frankfurt, zweiter, einfach" oder „Hamburg, erster, hin und zurück, mit D-Zugzuschlag". Wenn man keine Zuschlagkarte löst und trotzdem mit einem D-Zug fährt, muss man im Zuge nachlösen. Oder wenn Sie erster Klasse fahren und nur einen Fahrschein zweiter Klasse haben, können Sie auch im Zuge nachlösen.

Viel einfacher ist es für den Ausländer mit der Strassenbahn oder mit der Elektrischen zu fahren, weil es so etwas wie Zuschlag nicht gibt. Man braucht nur die Haltestelle zu nennen, wo man aussteigen will, und der Schaffner sagt dann, was man zu bezahlen hat. Für manche Strecken gibt es aber auch Rückfahrkarten. Es ist immer ratsam, den Schaffner zu fragen. Jedes Mal, wenn die Strassenbahn hält, ruft der Schaffner den Namen der Haltestelle aus.

Eins dürfen Sie aber nicht vergessen. Weil ja in Deutschland der Verkehr rechts fährt, müssen Sie auch auf der rechten Strassenseite einsteigen. Ein Freund von mir, der zum erstenmal in Deutschland war, wartete eines Abends in der Nähe von einer gewissen Grosstadt auf die letzte Strassenbahn. Er war schon etwas unruhig, als ein Fussgänger, der gerade vorbeiging, zu ihm sagte: „Ich glaube, die letzte Bahn ist schon weg." Aber nein! Endlich kam sie doch an, er stieg ein, und als der Schaffner kam, stellte er fest, dass er in der falschen Richtung fuhr. Der Fussgänger hatte doch recht gehabt. Die Bahn, die in der anderen Richtung fuhr, war schon vorbei. Er musste aussteigen und den ganzen Weg in die Stadt zu Fuss gehen, nur weil er auf der falschen Strassenseite gewartet hatte.

VOKABELN

die **Bundesbahn,** Federal railway

die **Richtung (-en),** direction

der **Bahnsteig (-e),** platform

die **Bekanntmachung** **(-en),** announcement

die **Achtung,** attention

die **Einfahrt (-en),** entry

die **Vorsicht,** caution, care

der **Lautsprecher** **(-),** loud speaker

die **Fahrkarte (-n),**
or $\Big\}$ ticket
der **Fahrschein (-e)**
der **Personenzug** (¨e), slow train
der **Luxus,** luxury

die **Entfernung (-en),** distance
die **Rückfahrkarte (-n),** return ticket
die **Hinfahrt (-en),** outward journey
der **Zielort (-e),** destination

die **Elektrische (-n),** electric tram
die **Strecke (-n),** route, journey
der **Weg (-e),** way

der **Fernzug** (¨e), long-distance train

der **Durchgang** (¨e), corridor

der **Zuschlag,** supplementary fare
die **Frage (-n),** question
die **Ermässigung (-en),** reduction
die **Rückfahrt (-en),** return journey
die **Sonntagsrückfahrkarte (-n),** week-end ticket
der **Schaffner (-),** conductor

die **Seite (-n),** side
der **Fuss** (¨e), foot

planmässig, scheduled, according to schedule
falsch, wrong
sowieso, anyhow
wie (*conjunction*), as
entsprechend, appropriate
ob, whether
gültig, valid
weil, because
gewiss, certain

ausführlich, detailed

international, international
wenn, if, whenever
unterrichtet, informed
bevor (*conjunction*), before
einfacher, simpler
ratsam, advisable
unruhig, uneasy

sorgen (*w.*), to take care
lösen (*w.*), to book (ticket)

andeuten (*w. sep.*), to indicate
betragen (*str.*), to amount to
nachlösen (*w. sep.*), to pay the difference on a ticket
feststellen (*w. sep.*), to discover

verpassen (*w.*), to miss
unterscheiden (*str. insep.*), to distinguish (between)
eilen (*w.*), to hurry
benutzen (*w.*), to use
ausrufen (*str. sep.*), to call out

ZUM LERNEN

planmässige Weiterfahrt

scheduled departure from here

Der Zug hat Einfahrt auf Bahnsteig 4.

The train is now arriving at platform 4.

Vorsicht bei der Einfahrt des Zuges !	Stand clear as the train comes in.
Die Bundesbahn sorgt dafür, dass . . .	The Federal Railway takes care that . . .
Sie sind noch nicht so weit.	You haven't got so far.
Es kommt in Frage.	It is to be considered.
(More commonly : **Es kommt nicht in Frage.**)	(It is out of the question.)
eine einfache Karte	a single ticket
Man fährt erster (zweiter) Klasse.	One travels first (second) class.
Man fährt *mit* der Elektrisch*en*.	One travels by tram.
so etwas wie	such a thing as
Jedes Mal, *wenn* . . .	Every time (that) . . .
Eins dürfen Sie nicht vergessen.	There is one thing you must not forget.
Man wartet *auf* die Strassenbahn.	One waits *for* the tram.
Die Bahn ist weg.	The tram has gone.

GRAMMATIK

1. *Conjunctions and Word Order*

(1) There are six so-called co-ordinating conjunctions which do not affect the position of the verb in any way. They are:

und (*and*), **aber** (*but*), **sondern** (*but*), **allein** (*but, were it not for the fact that*), **denn** (*for*) and **oder** (*or*)

(2) All other conjunctions and all expressions used as conjunctions (for example, adverbs of time and place) are subordinating and produce transposed word order, *i.e.* they throw the finite verb to the end of the clause in the same way as relative pronouns do. Note that in subordinate clauses separable verbs do not separate.

Among the commonest subordinating conjunctions are:

dass (*that*), **als** (*when*), **wenn** (*if, whenever*), **weil** (*because*), **ob** (*whether*), **ehe** and **bevor** (*before*), **obgleich** (*although*), **da** (*since, as*), **seitdem** (*since—time*) and **nachdem** (*after*).

Er kann heute nicht kommen, weil er so viel Arbeit hat.
Ich weiss, dass er sehr viel zu tun hat, weil er früh anfängt.

An adverbial expression may be used as a conjunction as follows:

Wissen Sie, wann er uns das Buch bringen wird?
Ich möchte wissen, in wie vielen Städten Sie schon gewesen sind.

(3) When the sentence begins with the subordinate clause the subject and verb of the main clause are inverted:

Dass er heute kommt, wissen Sie schon.
Weil er so viel Arbeit hat, kann er heute nicht kommen.
Obgleich er schon häufig in Deutschland war, spricht er nicht sehr gut deutsch.

2. *Punctuation*

All clauses are separated by commas, except where the conjunction **und** is used. A comma is inserted before **und** only if the subject of the previous clause is repeated or changed:

Er steht früh auf und geht in die Stadt.
Er steht früh auf, und er geht in sein Büro.
Er steht früh auf, und dann ruft sein Freund ihn an.

3. Translation of the word *when*:

(*a*) **Wann** is used in direct and indirect questions:
Wann kommt er? Wissen Sie, wann er kommt? Ich weiss nicht, wann er kommt.

(*b*) **Wenn** expresses *if* or *whenever*:
Wenn Sie Ihre Fahrkarte haben, können Sie schon auf den Bahnsteig gehen.

(*c*) **Als** refers to a particular occasion in the past:
Als ich ihn sah, war er mit seinem Bruder zusammen.
Als er uns besuchte, war ich nicht zu Hause.
but **Wenn er uns besuchte, war ich nie zu Hause.**

4. *Ordinal Numerals*

Apart from certain irregularities of a type existing also in English the ordinal numerals are formed systematically from the cardinal numerals.

To the cardinal numerals 1-19 (excepting **eins, drei,** and **acht**) **te** is added:

> der **erste**
> der zwei**te**
> der **dritte**
> der vier**te**
> der **achte**
> der zehn**te**
> der fünfzehn**te**
> der neunzehn**te**

To all numerals ending in a multiple of 10 **-ste** is added:

> der zwanzig**ste**
> der einunddreissig**ste**
> der hundert**ste**
> der tausend**ste**

NOTE: der hundert**erste**, der hundert**dritte**, etc.

These ordinal numerals are adjectives and must accordingly be declined.

e.g. **Ich fahre zweiter Klasse** (*Genitive*).

> **Ich fahre mit dem dritten Zug, aber Sie fahren mit dem ersten.**

5. *Declension of the Adjective without any Article*

When there is no article preceding at all the general tendency is for the adjective to show the gender of the noun it qualifies by taking on the definite-article or **dieser**-ending appropriate to the particular gender, case and number. The exception is the genitive singular, masculine and neuter.

	Masculine		Feminine		Neuter	
Nom:	gemischt**er**	Salat	frisch**e**	Butter	kalt**es**	Fleisch
Acc:	gemischt**en**	Salat	frisch**e**	Butter	kalt**es**	Fleisch
Gen:	gemischt**en**	Salats	frisch**er**	Butter	kalt**en**	Fleisches
Dat:	gemischt**em**	Salat	frisch**er**	Butter	kalt**em**	Fleisch

Plural

Nom:	warm**e**	Gerichte
Acc:	warm**e**	Gerichte
Gen:	warm**er**	Gerichte
Dat:	warm**en**	Gerichten

6. *Adjectival Nouns*

There are in German a number of adjectival nouns, so called because they are declined like adjectives, with or without an article, as the case may be.

Examples encountered in this course are:

der Deutsche	ein Deutscher	die Deutschen	Deutsche
der Beamte	ein Beamter	die Beamten	Beamte
der Reisende	ein Reisender	die Reisenden	Reisende

die **Elektrische** (normally used only with the definite article and in the singular, the word **Bahn** being understood after the adjective)

Er spricht mit dem Beamten.	He is talking to the official.
Ich fahre mit der Elektrischen.	I am going by tram.
Wir kennen viele Deutsche.	We know many Germans.
Der Wartesaal ist nur für Reisende.	The waiting room is only for travellers.

EIN GESPRÄCH

FRAU JONES: Fahren wir erster oder zweiter Klasse?

HERR JONES: Wie du willst. Die zweite Klasse in den D-Zügen hat jetzt Lederpolster, und von Köln nach Frankfurt ist nicht so sehr weit. Wenn wir mit dem D-Zug fahren, sind wir in vier Stunden da. Was meinst du?

FRAU JONES: Von mir aus können wir zweiter fahren, aber nicht mit dem Personenzug. Das dauert viel zu lange.

HERR JONES: Gut. Dann hole ich schnell die Fahrkarten.

FRAU JONES: So sehr schnell wirst du sie doch nicht holen können. Hast du nicht gesehen, wie die Leute da am Schalter Schlange stehen?

HERR JONES: Meine Güte! Es ist gut, dass wir es nicht so eilig haben.

(*Am Fahrkartenschalter*)

EIN REISENDER (*läuft direkt an den Schalter*): Hamburg, zweiter, mit Zuschlag. Ich habe es sehr eilig.

VERSCHIEDENE STIMMEN AUS DER SCHLANGE: Das geht doch nicht. Ich bitte Sie, Herr. Wir stehen doch hier Schlange.

D.S.D.—K

DER REISENDE: Es tut mir leid. Ich kann nicht warten. Sonst werde ich meinen Zug verpassen. In zwei Minuten fährt er ab.

STIMME AUS DER SCHLANGE: Dann können Sie doch wenigstens fragen. Wir wollen unseren Zug auch nicht verpassen.

DER BEAMTE AM SCHALTER (*zu dem Reisenden*): Nein, so geht das nicht, Herr. Sie müssen warten, bis Sie an die Reihe kommen. In einer halben Stunde fährt noch ein Zug nach Hamburg.

DER REISENDE: Aber ich will doch mit dem ersten Zug fahren. Geben Sie mir doch den Fahrschein. Es ist doch Ihre Pflicht.

DER BEAMTE: Es kommt nicht in Frage. Das habe ich Ihnen schon gesagt.

DER REISENDE: Ich gehe sofort zu Ihrem Vorgesetzten.

DER BEAMTE: Das dürfen Sie ruhig machen. Ich weiss, was meine Pflicht ist. Der Nächste, bitte.

HERR JONES (*zu einem Herrn in der Schlange*): Wie können die Leute nur so dumm sein? Wir müssen schliesslich alle warten.

DER HERR: Ja ja. Solche Sachen kommen heutzutage immer wieder vor. Die Menschen werden immer unhöflicher.

VOKABELN

das **Lederpolster,** leather upholstery

die **Pflicht (-en),** duty

der **Nächste (-n),** next one (*adjectival noun*)

direkt, directly

abfahren (*str. sep.*), to depart
vorkommen (*str. sep.*), to occur

die **Güte,** goodness

der **Vorgesetzte (-n),** superior (*adjectival noun*)

unhöflich(er), rude(r)

werden (*str.*), to become

ZUM LERNEN

Was meinst du?

von mir aus

What do you think (we should do)?

so far as I am concerned

Meine Güte!   My goodness!
Ich habe es eilig.   I am in a hurry.
Ich bitte Sie!   I beg your pardon! (reproachfully)
Das dürfen Sie ruhig machen.   You may do so, I'm not worried.
immer unhöflicher   more and more impolite
(*cf.* **immer besser,** better and better).

AUFGABEN

1. Beantworten Sie folgende Fragen:

(1) Wie sorgt die Bundesbahn dafür, dass die Reisenden nicht in den falschen Zug einsteigen? (2) Wo löst man seine Fahrkarte? (3) In welchen Zügen gibt es zweite Klasse? (4) Welcher Klasse fahren die meisten Leute? (5) Was ist ein Personenzug? (6) Was muss man bezahlen, wenn man einen D-Zug benutzen will. (7) Was ist eine Sonntagsrückfahrkarte? (8) Wann muss man im Zuge nachlösen? (9) Was ruft der Schaffner jedes Mal aus, wenn die Strassenbahn hält? (10) Auf welcher Strassenseite muss man in die Strassenbahn einsteigen? (11) Warum wollte Frau Jones nicht mit dem Personenzug fahren? (12) Warum wollte der unhöfliche Reisende nicht warten, bis er an die Reihe kam? (13) Wann fuhr der nächste Zug nach Hamburg? (14) Warum durfte der Beamte dem unhöflichen Reisenden die Fahrkarte noch nicht geben?

2. Ergänzen Sie:

(1) Dieser Deutsch— spricht kei— sehr gut— Englisch. (2) Warum sprach der Beamt— mit seinem Vorgesetzt—? (3) D— Gepäck dieser Reisend— ist noch im Zuge. (4) Fahren Sie mit d— Elektrisch— oder mit Ih— Auto? (5) Bei heiss— Wetter esse ich sehr gern kalt— Fleisch mit gemischt— Salat. (6) Frisch— Ei— waren vorig— Jahr etwas teuer. (7) In diesem Geschäft kann man Kleider erstklassig— Qualität kaufen. (8) Es war schon sei— sechst— Reise nach Deutschland. Als er auf sei— fünft— war, lernte ich ihn schon kennen. (9) Auf d— hunderterst— Seite dies— interessant— Buch— werden Sie endlich ei— Erklärung Ih— sämtlich— Problem— finden. (10) Bei d— Einfahrt ei— D-Zug— muss man immer vorsichtig sein.

3. Mit der Hilfe des Bindeworts (*conjunction*) bilden Sie einen Satz aus jedem Paar Sätze! Beginnen Sie (*a*) mit dem Hauptsatz (*main clause*), (*b*) mit dem Nebensatz (*subordinate clause*).

(1) Ich bleibe heute zu Hause.   Ich habe so viel Arbeit. [weil]

(2) Er wollte noch einen Brief schreiben.   Er ging mit mir spazieren. [bevor]

(3) Wir tranken in diesem Café eine Tasse Kaffee.   Wir waren gestern in der Stadt. [als]

(4) Ich ging vor einigen Tagen ins Kino.   Das Wetter war so schlecht. [da]

(5) Sie rief ihre Freundin an.   Sie hatte ihre Arbeit getan. [nachdem].

4. Wiederholen Sie (a) im Imperfekt, (b) im Perfekt, (c) im Futur :

(1) Er sorgt schon dafür.   (2) Er eilt sofort zu seinem Freund. (3) Der Zuschlag beträgt nur eine Mark.   (4) Das stellen Sie auch bald fest.   (5) Der Preis deutet die Qualität nicht an. (6) Sie verpassen leider Ihren Zug.   (7) Was ruft der Schaffner immer aus?   (8) Im Zuge löse ich manchmal nach.   (9) Man unterscheidet in diesem Café sechs Sorten von Kuchen.   (10) Solche Sachen kommen immer wieder vor.   (11) Die Arbeit wird sehr schwer.   (12) Wann fährt der Zug ab?   (13) Ich benutze immer den D-Zug.   (14) Der Gepäckträger weiss auch nicht, wann der nächste Zug abfährt.   (15) Ich verstehe nicht immer, was der Schaffner ausruft.

5. Setzen Sie in den Plural :

(1) Welcher Reisende hat diesen Fahrschein gelöst.   (2) Ein Fernzug fährt gewöhnlich schneller als ein D-Zug.   (3) Dieser arme Deutsche kann nicht in diesem grossen Hotel wohnen. (4) Ein Deutscher hat dieses schöne Haus gekauft.   (5) Ein kaltes Gericht wird mir bestimmt gut schmecken.   (6) Was ist eigentlich die Pflicht dieses Beamten?   (7) Mein Vorgesetzter war der Nächste.   (8) Der Weg dieses Reisenden ist lang und schwer, aber er wird seinen Zielort doch erreichen.   (9) Auf die Frage des Schaffners habe ich nicht geantwortet.   (10) Eine Schnellzugzuschlagkarte kostet nicht so viel wie die Fahrkarte für diese Strecke.

6. Übersetzen Sie :

The second performance; my third suggestion; his first wife; on [an] the tenth day; in the twenty first year; the eighth child in the twelfth row; the eleventh hour; after the thirtieth case.

7. Übersetzen Sie :

(1) Although he says that I do not believe it.   (2) He is sleeping at [in] our house, because he has missed his train.   (3) When he

arrives to-morrow I shall tell him what you have said. (4) When the train left at three o'clock we were sitting in the waiting room. (5) Before you write your letter I have something to say to you. (6) Since he lost his money he has been very careful. (7) So far as I am concerned you may stay here, if you want to stay. (8) Why are you in such a hurry? (9) Every time I ring him up his brother comes to the telephone. (10) Our train is now arriving at Platform three.

8. Ergänzen Sie durch eine passende Präposition:

(1) Das kommt für uns nicht — Frage. (2) Ich musste — den nächsten Zug warten. (3) Sei vorsichtig — der Einfahrt des Zuges! (4) Weil Sie so unhöflich sind, gehe ich sofort — Ihrem Vorgesetzten. (5) Der unhöfliche Reisende läuft direkt — den Schalter. (6) Wenn Sie die Strassenbahn verpassen, werden Sie — Fuss gehen müssen. (7) Er wollte — dem ersten Zug fahren. (8) — Bonn — Köln ist keine grosse Entfernung. (9) — der linken Strassenseite können Sie nicht in die Strassenbahn einsteigen. (10) — Sie ist das viel einfacher, weil Sie Deutsch sprechen.

9. Übersetzen Sie:

Last week we wanted to travel by train from Cologne to Frankfurt. When we arrived at the station we had to book our tickets, for one has to have a ticket before one goes on to the platform.   At first we wanted to travel by slow train, but when we heard that the journey by slow train takes [lasts] over five hours, we said: "That is much too long.   Let us go by the next express."

After we had booked our tickets we went on to the platform and waited there for the train.   The train was late, but at last it came in [einfahren] and we all got in.   Soon the guard came and wanted to see our tickets.   When he saw that we had only tickets for the slow train, he said: "You need a fast train supplementary ticket.   You must pay the difference."   The supplementary fare amounted to two Marks.

KRAFTFAHRZEUGE

Die Statistik lehrt uns, dass es in Deutschland nicht so viele Kraftfahrzeuge gibt wie in England. Das kann man aber kaum glauben, wenn man als Fussgänger die Fahrbahn überqueren will. Die Kolonne der Pkw's und der grossen Lkw's mit ihren Anhängern nimmt manchmal überhaupt kein Ende, und Motorräder und Mopeds gibt es wie Sand am Meere. Wenn Sie Pkw and Lkw sagen, so zeigen Sie, dass Sie in den Rasthäusern der Autobahn zu Hause sind, wo Berufsfahrer und Herrenfahrer einkehren. Pkw ist die militärische Abkürzung von Personenkraftwagen. Lkw kommt von Lastkraftwagen. Leute, die „Auto" sagen, besitzen keines. Wenn man ein Auto hat, nennt man es einfach „Wagen". Das Moped ist das Motorrad des kleinen Mannes. Es hat nur einen Hilfsmotor. Sehr beliebt sind auch die Motorroller geworden, seitdem die erste Lambretta über den Brennerpass nach Deutschland rollte.

Die Zahl der Verkehrsteilnehmer in der Bundesrepublik steigt von Jahr zu Jahr, was für den Alkoholverbrauch schlecht ist! Infolge der vielen Verkehrsunfälle, bei denen unmässiger Alkoholverbrauch eine Rolle spielt, darf die Polizei nämlich an jedem Fahrer, der einen Unfall verursacht hat, eine Blutprobe machen. Mittels dieser Probe stellt sie den Alkoholgehalt des Blutes fest, und wehe, wenn er zu hoch ist! Angesichts der schweren Strafen, die das Gericht in solchen Fällen verhängen kann, trinken jetzt viele Fahrer nur nichtalkoholische Getränke.

Herr Brown, der mit seinem Wagen eine lange Geschäftsreise durch Deutschland machte, hatte keine derartigen Sorgen. Beim Fahren trank er nie Alkohol, nicht nur um seiner eigenen Sicherheit willen, sondern auch, weil er andere nicht gefährden wollte. Als er nun seinem Zielort entgegenrollte, die Autobahn entlang, waren es nicht die polizeilichen Bestimmungen, die ihm zu schaffen machten, sondern der Motor seines Wagens. Schon diesseits der deutschen Grenze war es ihm klar gewesen, dass irgend etwas nicht in Ordnung war. Nun ging es auf einmal gar nicht mehr, und Herr Brown, der schliesslich auf dem Gebiete des Verbrennungsmotors kein Fachmann war, war bald ratlos. Wie froh war er also, als ein Lkw-Fahrer hielt und ihm seine Hilfe anbot. Dank den fachtechnischen Kenntnissen dieses Mannes war die Schwierigkeit bald behoben, und beide konnten weiterfahren.

VOKABELN

das **Kraftfahrzeug (-e)**, motor vehicle

die **Fahrbahn (-en)**, road, roadway

der **Pkw (-'s)**, motor-car *abbreviation for*

der **Personenkraftwagen (-)**, motor-car

der **Anhänger (-)**, trailer

das **Rasthaus ("er)**, rest house (Autobahn restaurant)

der **Herrenfahrer (-)**, owner-driver

der **Hilfsmotor (-en)**, auxiliary motor

der **Pass ("e)**, mountain pass

der **Verkehrsteilnehmer (-)**, person with motor transport (literally 'participant in the traffic'—official term)

die **Rolle (-n)**, role, part

der **Fahrer (-)**, driver

die **Blutprobe (-n)**, blood test

die **Strafe (-n)**, punishment, penalty

das **Getränk (-e)**, drink, beverage

die **Sicherheit**, safety

der **Motor (-en)**, engine

der **Fachmann (Fachleute)**, expert

die **Statistik (-en)**, statistics

die **Kolonne (-n)**, column

der **Lkw (-'s)**, lorry *abbreviation for*

der **Lastkraftwagen (-)**, lorry

das **Moped (-s)**, autocycle

der **Berufsfahrer (-)**, chauffeur, transport driver

die **Abkürzung (-en)**, abbreviation

der **Motorroller (-)**, scooter

die **Zahl (-en)**, number

der **Verbrauch**, consumption

die **Polizei**, police (*no plural*)

das **Blut**, blood

der **Gehalt**, content

das **Gericht (-e)**, court (of justice)

die **Sorge (-n)**, care, worry

die **Bestimmung (-en)**, regulation

der **Verbrennungsmotor (-en)**, internal combustion engine

militärisch, military

unmässig, immoderate

wehe! alas!, woe betide him!
angesichts (*prep.* + *gen.*), in view of
derartig, of that kind

entlang (*prep.* + *acc.* or *dat.*), along
diesseits (*prep.* + *gen.*), on this side of
irgend etwas, something or other, anything
ratlos, at his wits' end

fachtechnisch, technical, expert
lehren (*w.*), to teach
rollen (*w.*), to roll, travel
verursachen (*w.*), to cause
gefährden (*w.*), to endanger

infolge (*prep.* + *gen.*), in consequence of, as a result of
mittels (*prep.* + *gen.*), by means of
hoch (*hoh-* when declined), high
nichtalkoholisch, non-alcoholic

um ... willen (*prep.* + *gen.*), for the sake of
polizeilich, police (*adjective*)

klar, clear

auf einmal, all at once

dank (*prep.* + *gen.* or *dat.*), thanks to

überqueren (*w. insep.*), to cross
steigen (*str.*), to rise, climb
verhängen (*w.*), to impose
beheben (*str.*), to remove, overcome

ZUM LERNEN

Es nimmt manchmal kein Ende. — Sometimes there's no end to it.

wie Sand am Meere, — in abundance, in countless numbers.

Es macht mir zu schaffen. — It causes me difficulties. It's giving me trouble.

Es geht (ging) gar nicht mehr. — Things have broken down (broke down) completely. The situation is becoming (became) hopeless.

GRAMMATIK

1. *Further useful prepositions*

entlang (with accusative, less commonly with dative), along:

e.g. **Wir gehen den Fluss entlang (dem Fluss entlang, am Fluss entlang).**

ausser (with dative), with the exception of, excepting:

e.g. **Ausser dir gehen alle Gäste ins Konzert.** With the exception of you (all the guests but you) all the guests are going to the concert.

Used also in the sense of 'out of': *e.g.* **ausser Atem**, out of breath.

nebst (with dative), along with, in addition to, besides:

e.g. **Nebst diesem Namen hat die Stadt auch noch einen anderen.** In addition to this name the town has another one.

dank (preferably with dative, but increasingly used with genitive) thanks to:

e.g. **Dank seiner Vorsicht ist er jetzt ein reicher Mann.** Thanks to his caution he is now a rich man.

infolge (with genitive), as a result of, in consequence of:

e.g. **Infolge der Verspätung haben wir den Zug verpasst.** As a result of the delay we have missed the train.

angesichts (with genitive), in view of, in face of:

e.g. **Angesichts seiner Freundlichkeit ging ich gern mit.** In view of his kindness I was pleased to go with him.

mittels (with genitive), by means of:

e.g. **Mittels dieser Probe stellt er die Ursache fest.** By means of this test he determines the cause.

seitens (with genitive), on the part of:

e.g. **Eine gewisse Müdigkeit seitens des Fahrers hat den Unfall verursacht.** A certain tiredness on the part of the driver caused the accident.

um ... willen (with genitive), for the sake of:

e.g. **Das tue ich nur um meines Freundes willen.** I am doing that only for the sake of my friend.

Er tut es um seiner selbst willen. He's doing it for his own sake.

(The genitive forms of the pronoun **meiner, seiner**, etc., are now rare.)

diesseits (with genitive), on this side of;

jenseits (with genitive), on that side of:

e.g. **Er wohnt diesseits des Flusses aber jenseits der**

Autobahn. He lives on this side of the river but on that side of the 'Autobahn'.

oberhalb (with genitive), above, on the top side of;
unterhalb (with genitive), below, on the bottom side of:

e.g. **Sein Haus steht auf dem Berg oberhalb des Flusses.**
His house stands on the hill above the river.

Der Fluss fliesst tief unterhalb der Strasse.
The river flows deep down below the road.

2. The relative pronoun referring to the whole of a previous phrase or clause, rather than having any noun or pronoun as its antecedent, is expressed in German by **was.**

e.g. **Er will erst morgen kommen, was mir gar nicht passt.** He doesn't want to come until to-morrow, which doesn't suit me at all.

3. The infinitive is sometimes used in German as an imperative. This commonly occurs where orders are being given to groups of people by someone in charge, *e.g.* officers to groups of soldiers, teachers to classes, and in everyday intercourse where brevity is essential for the production of speedy results, as in technical practice.

e.g. ***Rühren!** Stand at ease. (The reflexive pronoun is omitted here.)

Aufstehen! Stand up.

*Setzen! Sit down. (The reflexive pronoun is omitted here.)

Bitte, Zündung einschalten! Please switch on the ignition.

*Equally common are **,rührt euch!'** and **,setzt euch!'**.

EIN GESPRÄCH

Auf der Landstrasse

FAHRER HECHT: Will er nicht?

HERR BROWN: Nein, es ist wirklich ärgerlich. Die Batterie ist schon beinahe erschöpft. Der Motor hat einfach keine Lust.

FAHRER HECHT: Ist der Anlasser in Ordnung?

HERR BROWN: Ja. Nur will der Motor nicht anspringen.

FAHRER HECHT: Soll ich ihn einmal mit der Hand ankurbeln? Manchmal, wenn die Batterie schwach ist, geht es so besser.

HERR BROWN: Ja, wenn Sie als Fachmann einmal probieren wollen. Hier ist die Anlasserkurbel.

FAHRER HECHT: Also nun los! Bitte Zündung einschalten und die Starterklappe langsam herausziehen ... Hm, er will nicht. Nebenbei bemerkt, die Kompression in einem der Zylinder ist nicht so gut wie in den drei anderen. Das ist aber nicht der Grund, warum der Motor nicht anspringen will.

HERR BROWN: Ja, ich weiss; eines der Ventile schliesst nicht ganz.

FAHRER HECHT: Wollen wir mal die Zündung prüfen?

HERR BROWN: Das habe ich schon gemacht. Es kann aber nichts schaden, wenn Sie nochmals testen.

FAHRER HECHT: Bitte, lassen Sie noch mal an! Noch mal ... Noch mal ... Funkenbildung ist in Ordnung an allen vier Zuleitungen zu den Zündkerzen.

HERR BROWN: Es kann also nur am Treibstoffsystem liegen.

FAHRER HECHT: Die Zündkerzen können verrusst sein.

HERR BROWN: Allerdings. Das ist aber unwahrscheinlich, da ich sie gestern selbst gereinigt habe.

FAHRER HECHT: Dann müssen wir eben sehen, ob der Vergaser Brennstoff bekommt. Haben Sie ihn schon daraufhin geprüft?

HERR BROWN: Nein, das mache ich nicht gerne, da man dabei so leicht Schmutz in die Düsen bekommt.

FAHRER HECHT: Da muss man nur vorsichtig sein. Ich schraube schnell die Benzinleitung zum Vergaser ab. Bedienen Sie bitte die Benzinpumpe ... Es kommt nichts ...

HERR BROWN: Kein Wunder. Sehen Sie! Hier kommt ein Strahl Benzin heraus.

FAHRER HECHT: Ja, gibt es das auch? Da ist unten an der Benzinpumpe eine kleine Schraube locker geworden und verlorengegangen. Sie haben wohl keine Schrauben dieser Grösse in Reserve?

HERR BROWN: Leider nicht. Aber schrauben wir doch eine von diesen sechs hier heraus! Die anderen fünf müssen genügen.

FAHRER HECHT: Gute Idee!   Sind Sie selbst Fachmann?

HERR BROWN: Nein.   Leider nicht.

FAHRER HECHT: Ja, die praktischen Engländer! . . .   Nun probieren wir es noch mal.

HERR BROWN: Nichts!

FAHRER HECHT: Sie haben ja den Zündschlüssel noch in der Hand.

HERR BROWN: Ach, wie kann man nur so dumm sein?   Also noch mal . . .

FAHRER HECHT: Schon läuft er.   Schön ruhig.   Wieviel P.S. (Pferdestärken) hat er denn?

HERR BROWN: Er hat 1500 Kubikzentimeter.

FAHRER HECHT: Und wieviel Benzin verbraucht er?

HERR BROWN: Auf langen Fahrten, bei denen man hauptsächlich im vierten Gang fährt, braucht er eine Gallone für 30 Meilen.

FAHRER HECHT: Gallone?   Was ist denn das?

HERR BROWN: Eine englische Gallone ist ein Flüssigkeitsmass und hat vier komma vierundfünfzig Liter.

FAHRER HECHT: Gibt es denn auch noch andere Gallonen?

HERR BROWN: Ja, die amerikanische Gallone, welche nur drei komma sieben acht fünf Liter hat.   Da eine englische Meile eins komma sechs Kilometer ist, heisst das also, dass mein Wagen 48 Kilometer pro Gallone fährt, oder etwas mehr als zehn Kilometer pro Liter.

FAHRER HECHT: Wir rechnen aber in Litern pro hundert Kilometer.

HERR BROWN: Dann sind es eben ungefähr 10 Liter pro 100 Kilometer.

FAHRER HECHT: Ganz normal für einen Wagen dieser Grösse. Wie sind denn eigentlich die Bremsen?

HERR BROWN: Die Vorderradbremse ist hydraulisch.   Die Hinterradbremse ist mechanisch.

FAHRER HECHT: Gibt es das denn auch?

HERR BROWN: Ja, aber das ist ungewöhnlich.   Die Bremswirkung ist aber gut, und bisher bin ich noch nicht ins Schleudern gekommen.

FAHRER HECHT: Da haben Sie aber Glück gehabt.   Die Reifen

der Vorderräder sind nicht richtig aufgepumpt. Warum nicht? Das macht doch jede Tankstelle kostenlos.

HERR BROWN: Ja, aber sie fragten mich immer: ,,Wieviel Atü" und ich weiss nicht, was ein Atü ist.

FAHRER HECHT: Das ist doch ganz einfach. Atmosphären Überdruck.

HERR BROWN: Warum Atmosphären und warum Überdruck?

FAHRER HECHT: Eine Atmosphäre ist ein Druck von einem Kilogramm pro Quadratzentimeter. Der Druck im Schlauch muss grösser sein als der normale Druck von aussen. Daher sagen wir Überdruck. Aber ich glaube, ich habe eine Umrechnungstabelle. Ja, hier ist sie schon. Ein Atü ist 14,24 englische Pfund pro Quadratzoll. Zwei Atü sind 28,48 Pfund pro Quadratzoll und so weiter. Hier, behalten Sie die Tabelle. Ich brauche sie nicht.

HERR BROWN: Das ist ja fein. Ich bin Ihnen wirklich sehr dankbar.

FAHRER HECHT: Nichts zu danken.

HERR BROWN: Rauchen Sie?

FAHRER HECHT: Ja, zu einer echt englischen Virginia-Zigarette kann ich nicht nein sagen.

HERR BROWN: Nehmen Sie doch die Packung.

FAHRER HECHT: Oh, das ist aber sehr freundlich! Vielen Dank.

HERR BROWN: Oh, bitte, bitte.

FAHRER HECHT: Nun muss ich aber weiter. Gute Fahrt!

HERR BROWN: Alles Gute! Auf Wiedersehen!

FAHRER HECHT: Auf Wiedersehen!

VOKABELN

die **Batterie** (-n), battery
die **Anlasserkurbel** (-n), starting handle
die **Starterklappe** (-n), choke

der **Zylinder** (-), cylinder
die **Funkenbildung**, sparking
die **Zündkerze** (-n), sparking plug

der **Anlasser** (-), starter
die **Zündung** (-en), ignition

die **Kompression** (-en), compression
das **Ventil** (-e), valve
die **Zuleitung** (-en), lead
das **Treibstoffsystem** (-e), fuel system

der **Vergaser** (-), carburettor
der **Schmutz,** dirt
die **Benzinleitung** (-en), petrol pipe
das **Wunder** (-), wonder, miracle
die **Schraube** (-n), screw
der **Zündschlüssel** (-), ignition key
der (**erste, zweite, dritte, vierte**) **Gang** (first, second, third, fourth) gear
die **Meile** (-n), mile
die **Flüssigkeit** (-en), fluid, liquid
die **Bremse** (-n), brake

das **Hinterrad** (¨er), rear wheel, back wheel
der **Reifen** (-), tyre

die **Atmosphäre** (-n), atmosphere
der **Überdruck** (¨e), excess pressure
das **Quadrat** (-e), square

der **Zoll,** inch

der **Brennstoff,** fuel
die **Düse** (-n), jet
die **Benzinpumpe** (-n), fuel pump
das **Benzin,** petrol
die **Idee** (-n), idea
die **Pferdestärke** (**P.S.**) (-n), horse-power
die **Gallone** (-n), gallon

die **Fahrt** (-en), journey, drive
das **Mass** (-e), measure

das **Vorderrad** (¨er), front wheel
die **Bremswirkung,** braking power
die **Tankstelle** (-n), petrol station
der **Druck** (-e), pressure

die **Umrechnungstabelle** (-n), conversion table
der **Schlauch** (¨e), inner tube, rubber tube

erschöpfen (*w.*), to exhaust

ankurbeln (*w. sep.*), to crank up

herausziehen (*str. sep.*), to pull out
prüfen (*w.*), to test, examine
testen (*w.*), to test
reinigen (*w.*), to clean

bedienen (*w.*), to operate, serve

genügen (*w.*), to be sufficient
rechnen (*w.*), to reckon, calculate
aufpumpen (*w.*), to pump up
danken (*dative, w.*), to thank

anspringen (*str. sep.*), to start up
einschalten (*w. sep.*), to switch on
schliessen (*str.*), to close

schaden (*w.*), to harm, damage
anlassen (*str. sep.*), to start
abschrauben (*w. sep.*), to screw off
verlorengehen (*str. sep.*), to get lost
verbrauchen (*w.*), to consume
schleudern (*w.*), to skid

behalten (*str.*), to keep, retain

schwach, weak	**langsam,** slow, slowly
nochmals, once again	**noch mal (einmal),** once again
verrusst, covered in soot	**unwahrscheinlich,** improbable
eben, just	**dabei,** in so doing, in the process
locker, loose	**lang,** long
hauptsächlich, chiefly, mainly	**englisch,** English
amerikanisch, American	**pro,** per
ungefähr, approximately, about	**hydraulisch,** hydraulic
mechanisch, mechanical	**ungewöhnlich,** unusual
bisher, hitherto, so far	**kostenlos,** free of charge
grösser, bigger	**dankbar,** grateful
aussen, outside (*adv.*)	**echt,** genuine

ZUM LERNEN

Es geht so besser.	It's easier (better, more successful) that way.
Also nun los!	Let's start then!
Nebenbei bemerkt,	incidentally
Es kann nichts schaden.	It can't do any harm.
Es kann nur am Motor liegen.	It can only be the engine (which is at fault).
Ich prüfe es daraufhin.	I am testing it for that (from that point of view).
Ich habe ein anderes Ventil in Reserve.	I have another valve in reserve.
das heisst,	that is (**d.h.** — i.e.)
Der Wagen kommt ins Schleudern.	The car goes into a skid.
Da haben Sie aber Glück gehabt.	My word, but you've been lucky there!
Nun muss ich aber weiter.	But now I must be on my way.
Gute Fahrt!	Have a pleasant trip.

AUFGABEN

1. Beantworten Sie folgende Fragen:

(1) Wo gibt es mehr Fahrzeuge, in Deutschland oder in England? (2) Wer glaubt das manchmal nicht? (3) Welche Leute sagen gewöhnlich Pkw statt Auto oder Wagen? (4) Was ist ein Moped? (5) Wie hiess der erste Motorroller, der über den Brenner nach Deutschland fuhr? (6) Was spielt bei vielen

Verkehrsunfällen eine Rolle? (7) Wann darf die Polizei eine Blutprobe machen? (8) Warum trinken viele Fahrer jetzt nur nichtalkoholische Getränke? (9) Warum trank Herr Brown beim Fahren keinen Alkohol? (10) Was machte ihm zu schaffen? (11) Warum war er bald ratlos? (12) Wer hielt und bot ihm seine Hilfe an? (13) Wann muss man den Motor mit der Hand ankurbeln? (14) Was muss man beim Anlassen einschalten und was muss man herausziehen? (15) Wann bekommt der Vergaser sehr leicht Schmutz in die Düsen? (16) Warum kam aus der Benzinpumpe ein Strahl Benzin heraus? (17) In welchem Gang fährt man hauptsächlich auf langen Fahrten? (18) Wie berechnet man in Deutschland den Benzinverbrauch? (19) Was macht jede Tankstelle kostenlos? (20) Was ist ein Atü?

2. Ergänzen Sie:

(1) Berufsfahrer und Herrenfahrer kehren in d— Rasthäus— d— Autobahn ein. (2) D— Motorrad d— klein— Mann— ist d— Moped, d— nur ei— Hilfsmotor hat. (3) Sie müssen bereit sein, es um Ih— Frau willen zu tun. (4) Angesichts d— viel— Kraftfahrzeug— auf d— Strassen muss man besonders vorsichtig fahren. (5) Nebst d— viel— Pkw's sieht man auch viele Lkw's mit schwer— Anhänger—. (6) Wir mussten d— Funkenbildung an all— vier Zuleitung— zu d— Zündkerzen prüfen. (7) Schalten Sie d— dritt— Gang ein! (8) D— Benzinverbrauch ist für ei— Wagen dies— Grösse verhältnismässig klein. (9) Solche Unhöflichkeit seitens ei— deutsch— Beamt— ist sehr ungewöhnlich. (10) Die Polizei wird wahrscheinlich an dies— Fahrer ei— Blutprobe machen, weil er d— Unfall verursacht hat. (11) Ausser ei— einzig— Wagen besitzen wir gar keine Kraftfahrzeuge. (12) Was kann man mittels solch— Proben feststellen?

3. Wiederholen Sie (*a*) im Imperfekt (*b*) im Perfekt (*c*) im Futur:

(1) Meistens geht es so besser. (2) Er kurbelt den Motor mit der Hand an. (3) Der Fahrer schaltet die Zündung ein und zieht die Starterklappe heraus. (4) Er lässt noch mal an, und der Motor springt an. (5) Ich reinige jeden Monat die Zündkerzen. (6) Wo überqueren Sie den Fahrdamm? (7) In manchen Ländern steigt der Alkoholverbrauch von Jahr zu Jahr. (8) Warum schliessen Sie das Fenster nicht? (9) Ich behalte dieses Buch, weil Sie es nicht benutzen. (10) In solchen Fällen schraube ich manchmal die Benzinleitung vom Vergaser ab.

4. Ergänzen Sie durch eine passende Präposition:

(1) — seiner freundlichen Hilfe können wir nun weiterfahren. (2) Wieviel Benzin haben Sie noch — Reserve? (3) Wenn

die Reifen nicht richtig aufgepumpt sind, kann man sehr leicht —s Schleudern kommen. (4) Fahren Sie zuerst die Autobahn ein Stückchen —. (5) — meines Bruders willen will ich den Wagen behalten. (6) — der Landstrasse steht ein kleines Häuschen. (7) Wenn Sie keinen Pass haben, müssen Sie eben — der Grenze bleiben. (8) — der ungewöhnlich grossen Schwierigkeiten der Grammatik werde ich es kaum fertigbringen, die Sprache zu erlernen.

5. Übersetzen Sie:

(1) The trouble must be with the starter. (2) Have you tested it for that? (3) What horse-power is your car? (4) The battery is down. (5) The sparking is all right, but have you examined the fuel system? (6) Perhaps the sparking plugs are covered in soot. (7) Can you operate the fuel pump? (8) Is the carburettor getting fuel? (9) Do all the valves close properly? (10) Please start up the engine.

6. Übersetzen Sie:

(1) We drove along the river until we reached the café our friends had told us about. (2) I find such embarrassment on the part of a waiter rather unusual. (3) In view of his suggestion we are staying here for the time being. (4) By means of an air pump he was able to pump up his tyres. (5) As a result of the large number of accidents in this town the police are very strict. (6) In spite of his help things soon broke down completely, which I had not expected. (7) Do you live on this side or that side of the river? (8) With the exception of one small fine the court did not impose any penalties. (9) Thanks to this decision on the part of the driver we arrived rather early. (10) He drove slowly for the sake of the children, which pleased me greatly.

7. Übersetzen Sie:

When I went abroad last year I took my car with me across the Channel [Kanal, *m*.]. I had not driven a car [Auto fahren] in Germany before [say 'never yet'], but in view of my experience as a driver in England, I did not expect any difficulties.

All was in order until I found that my car engine wouldn't start after I had stopped at a 'rest house' on the Autobahn. As I am no expert with regard to [say 'in the sphere of'] the internal combustion engine, I was soon at my wits' end. After I had tested the ignition, a kind lorry driver offered me his assistance. He soon discovered that one sparking plug was so dirty [verrusst] that the engine was running on three cylinders.

I had a very interesting conversation with this driver. He explained to me what I had to say when I stopped at the petrol

D.S.D.—L

stations.   I had forgotten that in Germany they reckon in litres and not in gallons, and that they reckon petrol consumption in litres per hundred kilometres.   By means of a conversion table which he gave me I was also able to tell the man at the petrol station how many 'Atü' I wanted, when he pumped up my tyres.   When I wanted to drive off again, I discovered that I had lost my ignition key. After I had looked for it everywhere in the car, I found it in my coat pocket [Manteltasche, *f.*], which was very annoying because all the people at the petrol station laughed.

WIEDERHOLUNG

1. (a) Beschreiben Sie die Wochenschau, die Sie neulich im Kino gesehen haben!

   (b) Sie essen zu Mittag mit einem Freund [einer Freundin] im Restaurant. Beschreiben Sie das Mittagessen!

   (c) Schreiben Sie acht Sätze über das Thema: „Ein Nachmittag im Park"!

   (d) Sie fuhren mit Ihrem Pkw die Autobahn entlang und hielten an einer Tankstelle. Was geschah?

2. Setzen Sie in den Singular:

   (1) Was für komische Geschichten habt ihr erzählt? (2) Die Filme, die wir in den alten Kinos gesehen haben, haben uns gar nicht gefallen. (3) Faule Kater fangen keine Mäuse. (4) Wir versuchten unsere Kenntnisse der Sprachen zu erweitern. (5) Seid ihr noch immer zu keinen Entschlüssen gekommen? (6) Grossstädte sind in manchen Hinsichten anders als Kleinstädte. (7) Die Staatsmänner, deren Konferenzen schon zu Ende sind, werden morgen in ihre eigenen Länder zurückfahren. (8) Über diese Themata konnten wir keinen einzigen Satz schreiben. (9) Wir werden eure Fragen nie beantworten können. (10) Kleine Kinder essen nicht so viel wie grosse Männer.

3. Übersetzen Sie:

   (1) I did it to the best of my ability. (2) Haddock is very similar to cod. (3) I've always wanted to go there. (4) I am going to the cinema, but she doesn't want to. (5) He is sitting up there. (6) We see him now and again. (7) Was it raining so heavily? (8) He found the weather in Southern Germany unbearably hot, but that is not always the case. (9) In that respect you are better off than I. (10) He was seeking protection from the hot sun. (11) There's no end to the column of cars and lorries this afternoon. (12) His car engine was giving him trouble. (13) Have you switched on the ignition? (14) I have driven all the time in third gear. (15) My car engine won't start.

4. Geben Sie die zweite (du) und dritte (er) Person Singular Präsens, Imperfekt und Perfekt der Verben:

   beginnen, wissen, anfangen, beantworten, zubringen, meiden,

braten, zurückfahren, vermissen, verbieten, zerreissen, davonkommen, anlassen, gefährden, ankurbeln.

5. Ergänzen Sie durch ein passendes Verbum:

(1) Das — Sie nie fertig! (2) Das — wohl sein. (3) In welchem Kino — eigentlich der Film? (4) Er — besser Bescheid
als ich. (5) Sie — ihre Freundin um ihre Schönheit. (6) Kinder dürfen die Bänke nicht in Anspruch —. (7) Wollen Sie
jetzt Ihr Mittagsschläfchen —? (8) Haben Sie Ihren Fahrschein
schon —? (9) An der Haltestelle — er auf die Strassenbahn.
(10) Unser Zug — jetzt Einfahrt. (11) Das Gespräch — kein
Ende. (12) Es kann nur am Motor —, denn ich habe alles andere schon geprüft.

6. Setzen Sie in den Plural:

(1) Da ich nur eine einfache Karte hatte, musste ich nachlösen.
(2) Ein Schaltier ist auch ein Fisch. (3) Der Küchenmeister
brät das Schweinekotelett. (4) Dieses Stück von Shakespeare
wirst du häufig im deutschen Theater sehen. (5) Dieser Herr,
dessen Gast heute abend bei dir isst, kann leider nicht mit-
kommen. (6) Nach der letzten Vorstellung ging mein Freund
immer direkt nach Hause. (7) Ein kaltes Fleischgericht ist
nichts für mich. (8) Die Jazzkapelle wirst du unerträglich
finden. (9) Der Fussweg über den Berg war leider sehr schlecht.
(10) Auf dieser harten Holzbank wirst du nicht schlafen können.

7. Übersetzen Sie:

(1) The tram had already gone. (2) Did you go on foot or by
train? (3) Who was right? (4) I was accurately informed.
(5) I can give her no better advice. (6) The fountain attracts
many visitors. (7) I often think of it. (8) All the cinemas are
closed to-day. (9) I never go for a walk on Sundays. (10) Next
time I shall travel second class. (11) Don't be so frivolous in
future! (12) He had to pay the customary fine. (13) What do
you recommend to-day, Herr Ober? (14) You looked rather
tired when I saw you. (15) Our climate has a very bad reputation.

8. Wiederholen Sie (a) im Imperfekt, (b) im Perfekt, (c) im
Futur:

(1) Benutzen Sie den D-Zug? (2) Ich löse im Zuge nach.
(3) Weil ich ihn nicht kenne, spreche ich nicht mit ihm. (4) Es
kommt für uns nicht in Frage. (5) Wartest du auf den nächsten
Zug? (6) So ist das! (7) Das nehme ich auch an. (8) Bei
dieser Hitze schmilzt die Butter sehr schnell. (9) Mir passt das
nicht, wie du schon weisst. (10) Das geschieht nicht immer.
(11) Er zieht die Starterklappe heraus. (12) Ich pumpe die
Reifen auf.

9. Mit der Hilfe des Bindeworts bilden Sie einen Satz aus jedem Paar Sätze! Beginnen Sie (a) mit dem Hauptsatz, (b) mit dem Nebensatz!

(1) Ich werde es ihm erklären. Er hat morgen Zeit. [wenn]

(2) Ich konnte ihn gut verstehen. Er sprach viel zu schnell. [obgleich]

(3) Er wusste nicht. Wir waren schon da gewesen. [dass]

(4) Ich weiss auch nicht. Wird er heute abend kommen? [ob]

(5) Wir müssen eine Zigarette rauchen. Wir gehen ins Kino [ehe]

(6) Der Zug fuhr gerade ein. Ich erreichte den Bahnhof. [als]

10. Ergänzen Sie:

(1) Da d— Imbissstube nur für Reisend— ohne Gepäck ist, müssen wir in d— Wartesaal gehen. (2) Ei— unhöflich— Reisend— sprach mit ei— Beamt—. (3) Hart— Brot esse ich nicht gern. (4) Kalt— Milch schmeckt nicht so gut wie heiss— Kaffee. (5) Während d— heiss— Monate sitze ich gern in d— schattig— Park. (6) Heute gibt es bei uns Bratwurst mit gemischt— Salat und Bratkartoffel—. (7) Trotz d— Hilfe d— stark— Gepäckträger— haben wir unse— Zug verpasst. (8) Anstatt frisch— Butter hat d— Kellner uns Margarine gebracht. (9) Oben auf d— bequem— Balkon gefallen mei— Frau d— Plätz— viel besser. (10) An d— Fahrkartenschalter warten d— Reisend—, d— mit unse— Zug fahren. (11) Mittels ei— Umrechnungstabelle stellte er fest, wieviel Atü er brauchte, als er an d— nächst— Tankstelle hielt. (12) Dank sei— gut— Sprachkenntniss— hatten wir gar kei— Schwierigkeit—, als die Polizei uns wegen d— Unfall— so viele Fragen stellte.

11. Übersetzen Sie:

(1) Will you give her the money when you see her to-morrow? (2) Before the train left we smoked a cigarette on the platform (3) I hope very much [sehr] that you will visit me next year. (4) Every time I see him he looks tired. (5) We soon discovered that he had spent three years in Germany. (6) A slow train is out of the question because we have not much time. (7) Although the second performance begins at eight o'clock we shall be punctual. (8) I believe that the supplementary fare amounts to two marks. (9) When the conductor called out the name of the street I alighted from the tram-car. (10) There is one thing you must not forget if you want to stay here. (11) After he had examined the leads to the sparking plugs, he tested the ignition once again. (12) Incidentally, your back wheel tyres are not blown up properly.

12. Geben Sie die richtige Form des Verbs:

(1) [Empfehlen — *Präsens*] der Ober die Suppe? (2) Er ist genau so komisch wie sein Name [andeuten — *Präsens*]. (3) Im Zuge [nachlösen — *Imperfekt*] wir. (4) Ich [sorgen — *Perfekt*] dafür, dass er seinen Zug nicht [verpassen — *Imperfekt*]. (5) [Denken — *Imperfekt*] du an ihn? (6) Er [zerreissen — *Imperfekt*] es, weil es ihm nicht [gefallen — *Imperfekt*]. (7) Wann [spazierengehen — *Präsens*] wir wieder? (8) Er [betreten — *Präsens*] den Rasen, obgleich er das nicht tun [dürfen — *Präsens*]. (9) [Verbieten — *Futur*] der Parkaufseher uns das? (10) Das Kind [ausstrecken — *Imperfekt*] sofort die Hände. (11) Warum [verbieten — *Perfekt*] Sie es uns? (12) Er [annehmen — *Präsens*] wahrscheinlich, dass wir den Film auch [sehen — *Perfekt*]. (13) Das Gericht [verhängen — *Futur*] eine sehr schwere Strafe, weil er vor dem Unfall so viel Alkohol [trinken — *Perfekt*]. (14) Da der Motor nicht sofort [anspringen — *Imperfekt*], [bedienen — *Imperfekt*] er die Anlasserkurbel. (15) An der Benzinleitung [verlorengehen — *Perfect*] eine Schraube.

GRAMMATICAL APPENDIX

A. DECLENSION

Article, Adjective and Noun

Masculine	Feminine	Neuter	Plural
Nom:			
der A-e N.	**die** A-e N.	**das** A-e N.	**die A-en** N
ein A-er N.	**eine** A-e N.	**ein** A-es N.	
Acc:			
den A-en N.	**die** A-e N.	**das** A-e N.	**die A-en** N.
einen A-en N.	**eine** A-e N.	**ein** A-es N.	
Gen:			
des A-en N.(e)s	**der** A-en N.	**des** A-en N.(e)s	**der A-en** N.
eines A-en N.(e)s	**einer** A-en N.	**eines** A-en N.(e)s	
Dat:			
dem A-en N.(e)	**der** A-en N.	**dem** A-en N.(e)	**den A-en N.-n**
einem A-en N.(e)	**einer** A-en N.	**einem** A-en N.(e)	

A = *adjective*   N. = *noun*

N.B.—Like the definite article are declined:

dieser, jener, jeder, welcher, mancher

Like the indefinite article are declined:

kein and the possessive adjectives **mein, dein sein, ihr, unser, euer, Ihr**

Adjective and Noun only

	Masculine	Feminine	Neuter	Plural
Nom:	A-er N.	A-e N.	A-es N.	A-e N.
Acc:	A-en N.	A-e N.	A-es N.	A-e N.
Gen:	A-en N.(e)s	A-er N.	A-en N.(e)s	A-er N.
Dat:	A-em N.(e)	A-er N.	A-em N.(e)	A-en N.-n

Masculine nouns of weak declension (*e.g.* **Herr**) add **n** in *acc., gen.,* and *dat. singular.*

B. PREPOSITIONS

(1) The following prepositions always govern the accusative case:

durch, für, gegen, wider, ohne, um

(2) The following prepositions always govern the dative case:

mit, nach, von, zu, aus, bei, seit, gegenüber, ausser, nebst.

(3) The following prepositions always govern the genitive case:

während, wegen, trotz, innerhalb, ausserhalb, statt, anstatt, infolge, angesichts, mittels, seitens, um ... willen, diesseits, jenseits, oberhalb, unterhalb.

(4) The following prepositions govern the accusative case when they indicate change of position with regard to or motion towards the noun or pronoun they govern, and the dative case when they merely indicate position with regard to the noun or pronoun they govern:

in, an, auf, unter, über, hinter, vor, neben, zwischen

(5) The following prepositions vary in their usage as a matter of individual taste :

    entlang, with accusative, less common with dative
    dank, with dative, but increasingly used with genitive

C.   PRONOUNS

	Nominative	Accusative	Dative
Sing:	**ich**	**mich**	**mir**
	du	**dich**	**dir**
	Sie	**Sie**	**Ihnen**
	er	**ihn**	**ihm**
	sie	**sie**	**ihr**
	es	**es**	**ihm**
Plur:	**wir**	**uns**	**uns**
	ihr	**euch**	**euch**
	Sie	**Sie**	**Ihnen**
	sie	**sie**	**ihnen**

Relative Pronouns

	Masculine	Feminine	Neuter	Plural
Nom:	**der** (welcher)	**die** (welche)	**das** (welches)	**die** (welche)
Acc:	**den** (welchen)	**die** (welche)	**das** (welches)	**die** (welche)
Gen:	**dessen**	**deren**	**dessen**	**deren**
Dat:	**dem** (welchem)	**der** (welcher)	**dem** (welchem)	**denen** (welchen)

N.B.—The form **welcher** (*declined*) is used for things only, not persons.

D.   POSSESSIVE ADJECTIVES

Sing:			Plur:		
mein	my		**unser**	our
dein	your		**euer**	your
Ihr	your		**Ihr**	your
sein	his, its		**ihr**	their
ihr	her, its			
sein	its			

E.   VERBS

Examples are given of various tenses of weak and strong verbs.

1. WEAK

Present	*Imperfect*	*Perfect*
Sing: ich **mache**	ich **machte**	ich **habe gemacht**
du **machst**	du **machtest**	du **hast gemacht**
Sie **machen**	Sie **machten**	Sie **haben gemacht**
er	er	er
sie } **macht**	sie } **machte**	sie } **hat gemacht**
es	es	es
man	man	man
Plur: wir **machen**	wir **machten**	wir **haben gemacht**
ihr **macht**	ihr **machtet**	ihr **habt gemacht**
Sie **machen**	Sie **machten**	Sie **haben gemacht**
sie **machen**	sie **machten**	sie **haben gemacht**

Future	*Pluperfect*
Sing: ich **werde machen**	ich **hatte gemacht**
du **wirst machen**	du **hattest gemacht**
Sie **werden machen**	Sie **hatten gemacht**
er	er
sie } **wird machen**	sie } **hatte gemacht**
es	es
man	man
Plur: wir **werden machen**	wir **hatten gemacht**
ihr **werdet machen**	ihr **hattet gemacht**
Sie **werden machen**	Sie **hatten gemacht**
sie **werden machen**	sie **hatten gemacht**

Future Perfect

Sing: ich **werde gemacht haben**
du **wirst gemacht haben**
Sie **werden gemacht haben**

er
sie } **wird gemacht haben**
es
man

Plur: wir **werden gemacht haben**
ihr **werdet gemacht haben**
Sie **werden gemacht haben**
sie **werden gemacht haben**

N.B.—All intransitive verbs expressing motion or change of state are conjugated with **sein** and not with **haben**. (See conjugation of **fahren,** Note 2.)

2. STRONG

	Present	Imperfect	Perfect
Sing:	ich **fahre**	ich **fuhr**	ich **bin gefahren**
	du **fährst**	du **fuhrst**	du **bist gefahren**
	Sie **fahren**	Sie **fuhren**	Sie **sind gefahren**
	er sie es man } **fährt**	er sie es man } **fuhr**	er sie es man } **ist gefahren**
Plur:	wir **fahren**	wir **fuhren**	wir **sind gefahren**
	ihr **fahrt**	ihr **fuhrt**	ihr **seid gefahren**
	Sie **fahren**	Sie **fuhren**	Sie **sind gefahren**
	sie **fahren**	sie **fuhren**	sie **sind gefahren**

	Future	Pluperfect
Sing:	ich **werde fahren**	ich **war gefahren**
	du **wirst fahren**	du **warst gefahren**
	er sie es man } **wird fahren**	er sie es man } **war gefahren**
Plur:	wir **werden fahren**	wir **waren gefahren**
	ihr **werdet fahren**	ihr **wart gefahren**
	Sie **werden fahren**	Sie **waren gefahren**
	sie **werden fahren**	sie **waren gefahren**

Future Perfect

Sing:	ich **werde gefahren sein**
	du **wirst gefahren sein**
	er sie es man } **wird gefahren sein**
Plur:	wir **werden gefahren sein**
	ihr **werdet gefahren sein**
	Sie **werden gefahren sein**
	sie **werden gefahren sein**

N.B.—Verbs with inseparable prefixes (**be, ge, ver, er, ent, emp, zer** and in certain verbs **über**) do not prefix **ge** to form the past participle.

> *e.g.* **ich habe übersetzt; es hat mir gefallen; ich habe erhalten**

The same rule applies to weak verbs ending in **ieren** (**telefonieren,** to telephone; **buchstabieren,** to spell).

> *e.g.* **ich habe telefoniert; ich habe buchstabiert**

ALPHABETICAL LIST OF STRONG AND IRREGULAR VERBS

The 3rd person singular present indicative and 2nd person familiar imperative is shown in the case of all strong verbs undergoing a vowel change. The same vowel change also applies to the 2nd person familiar singular present indicative. Where the present indicative is wholly irregular (*e.g.* **sein, wissen**), the whole of the irregularities are given.

Compound verbs, separable and inseparable, may be checked by reference to the simple verb from which they are formed (*e.g.* **reissen** for **zerreissen**).

S. denotes conjugation with **sein**.

Infinitive	Pres. indicative	Imperative	Imperfect	Past participle
backen	bäckt	backe	buk (backte)	gebacken
beginnen			begann	begonnen
bieten			bot	geboten
bitten			bat	gebeten
bleiben *S.*			blieb	geblieben
bringen			brachte	gebracht
denken			dachte	gedacht
dürfen	*Sing:* darf, darfst, darf		durfte	gedurft
	Plur: dürfen, etc.			
empfehlen	empfiehlt	empfiehl	empfahl	empfohlen
essen	isst	iss	ass	gegessen
fahren *S.*	fährt	fahre	fuhr	gefahren
fallen *S.*	fällt	falle	fiel	gefallen
fangen	fängt	fange	fing	gefangen
finden			fand	gefunden
fliegen *S.*			flog	geflogen
geben	gibt	gib	gab	gegeben
gehen *S.*			ging	gegangen
geschehen *S.*	es geschieht		geschah	geschehen
haben	*Sing:* habe, hast, hat	habe	hatte	gehabt
	Plur: haben, etc.			
halten	hält	halte	hielt	gehalten
hängen (*intrans.*)			hing	gehangen
heben			hob	gehoben

Infinitive	Pres. indicative	Imperative	Imperfect	Past participle
heissen			hiess	geheissen
kennen			kannte	gekannt
kommen *S.*			kam	gekommen
können	*Sing:* kann, kannst, kann		konnte	gekonnt
	Plur: können, etc.			
lassen	lässt		liess	gelassen
laufen *S.*	läuft	laufe	lief	gelaufen
lesen	liest	lies	las	gelesen
liegen			lag	gelegen
meiden			mied	gemieden
mögen	*Sing:* mag, magst, mag		mochte	gemocht
	Plur: mögen, etc.			
müssen	*Sing:* muss, musst, muss		musste	gemusst
	Plur: müssen, etc.			
nehmen	nimmt	nimm	nahm	genommen
nennen			nannte	genannt
reissen			**riss**	gerissen
rufen			**rief**	gerufen
scheiden			schied	geschieden
scheinen			schien	geschienen
(erscheinen *S.*)				
schlafen	schläft	schlafe	schlief	geschlafen
schlagen	schlägt	schlage	schlug	geschlagen
schliessen			schloss	geschlossen
schmelzen *S.*	schmilzt	schmilz	schmolz	geschmolzen
(*intrans.*)				
schneiden			schnitt	geschnitten
schreiben			schrieb	geschrieben
sehen	sieht	sieh	sah	gesehen
sein *S.*	*Sing:* bin, bist, ist	sei	war	gewesen
	Plur: sind, seid, sind	seid		

Infinitive	Pres. indicative	Imperative	Imperfect	Past participle
sitzen			sass	gesessen
sollen	*Sing:* soll, sollst, soll		sollte	gesollt
	Plur: sollen, etc.			
sprechen	spricht	sprich	sprach	gesprochen
springen *S.*			sprang	gesprungen
stehen			stand	gestanden
steigen *S.*			stieg	gestiegen
tragen	trägt		trug	getragen
treiben *S.*			trieb	getrieben
treten *S.*	tritt	tritt	trat	getreten
trinken *S.*			trank	getrunken
tun			tat	getan
vergessen	vergisst	vergiss	vergass	vergessen
verlieren			verlor	verloren
werden *S.*	*Sing:* werde, wirst, wird	werde	wurde	geworden
	Plur: werden, etc.			
werfen	wirft	wirf	warf	geworfen
wissen	*Sing:* weiss, weisst, weiss	wisse	wusste	gewusst
	Plur: wissen, etc.			
wollen	*Sing:* will, willst, will		wollte	gewollt
	Plur: wollen, etc.			
ziehen			zog	gezogen

GERMAN–ENGLISH VOCABULARY

The genitive singular, where peculiar, and the nominative plural are indicated after all nouns.

Separable verbs are shown by the abbreviation *sep*. Weak and strong verbs are indicated by the abbreviations *w*. and *str*. respectively. Strong and irregular weak verbs may be looked up in the Grammatical Appendix.

Almost all German adjectives may also be used as adverbs. The adjective form only is given in the English meaning.

Aachen, Aix-la-Chapelle

der **Abend (-e),** evening

das **Abendbrot (-e),** supper

abends, in the evening

aber, but, however

abfahren (*str. sep.*), to depart

die **Abkürzung (-en),** abbreviation

ablegen (*w. sep.*), to take off (hat and coat)

abnehmen (*str. sep.*), to take off (hat), lift (telephone receiver)

abschrauben (*w. sep.*), to screw off

das **Abteil (-e),** compartment

die **Abteilung (-en),** department

die **Abwechslung (-en),** diversion, change

ach!, oh! ah! alas!

die **Achtung,** attention

achtzig, eighty

die **Adresse (-n),** address

ähnlich, similar

die **Aktualitäten** (*Plural*), current events

das **Album (-en),** album

alle, all

allerdings, of course, admittedly

allerlei, all kinds of

alles, everything

allgemein, general

als, when; than

also, so, therefore

amerikanisch, American

anbieten (*str. sep.*), to offer

andererseits, on the other hand

anders, different

anders als, different from

anderswo, elsewhere, somewhere else

andeuten (*w. sep.*), to indicate

anfangen (*str. sep.*), to begin

angenehm, pleasant

angesichts, in view of

der **Anhänger (-),** trailer

ankommen (*str. sep.*), to arrive

die **Ankunft (¨e),** arrival

ankurbeln (*w. sep.*), to crank up

die **Anlagen** (*Plural*), grounds, park, gardens

anlassen (*str. sep.*), to start

der **Anlasser (-),** starter

die **Anlasserkurbel (-n),** starting-handle

annehmen (*str. sep.*), to accept, assume

anrufen (*str. sep.*), to ring up, telephone

die **Ansichtskarte** (**-n**), picture postcard

anspringen (*str. sep.*), to start up

der **Anspruch** (**˙˙e**), claim

die **Antwort** (**-en**), answer

antworten (*w.*), to answer (*intransitive*)

anziehen (*str. sep.*), to put on (clothes), attract

der **Anzug** (**˙˙e**), suit

anzünden (*w. sep.*), to light, set fire to

der **Apfel** (**˙˙**), apple

die **Apfelsine** (**-n**), orange

der **Appetit** (**-e**), appetite

arbeiten (*w.*), to work

ärgerlich, annoying

arm, poor

die **Art** (**-en**), kind

die **Atmosphäre** (**-n**), atmosphere

auch, also

die **Aufbewahrung** (**-en**), storage

der **Aufenthalt** (**-e**), stay, sojourn

aufführen (*w. sep.*), to produce (play, etc.)

aufgeben (*str. sep.*), to hand in (telegram)

aufgehen (*str. sep.*), to open (*intransˈtive*)

aufpumpen (*w.*), to pump up

der **Aufschnitt**, sliced meats

der **Aufseher** (**-**), keeper, attendant

aufsetzen (*w. sep.*), to put on (pan on cooker, hat)

aufstehen (*str. sep.*), to get up, rise

aufsuchen (*w. sep.*), to seek out, go in search of

der **Aufzug** (**˙˙e**), lift

der **Augenblick** (**-e**), moment

ausführlich, detailed, in detail

ausfüllen (*w. sep.*), to fill up

ausgezeichnet, excellent

die **Auskunft** (**˙˙e**), information

das **Ausland**, foreign countries

der **Ausländer** (**-**), foreigner

die **Ausnahme** (**-n**), exception

ausnahmsweise, for once in a way, by way of exception

auspacken (*w. sep.*), to unpack

ausrufen (*str. sep.*), to call out

aussehen (*str. sep.*), to look (*intransitive*)

aussen, outside

ausserdem, moreover, furthermore

ausserhalb, on the outside of, outside

äussern (*w.*), to utter, express

ausserordentlich, extraordinary

äusserst, extremely

die **Aussicht** (**-en**), view

aussteigen (*str. sep.*), to get out, alight

ausstrecken (*w. sep.*), to stretch out

aussuchen (*w. sep.*), to select, choose

die **Auswahl** (**-en**), selection

ausziehen (*str. sep.*), to take off (clothes)

backen (*str.*), to bake

das **Bad** (**˙˙er**), bath

das **Badezimmer** (**-**), bathroom

der **Bahnhof** (**˙˙e**), station

der **Bahnsteig** (**-e**), platform

bald, soon

der **Balkon** (**-e**), balcony

die **Banane** (**-n**), banana

die **Batterie** (**-n**), battery

der **Baum** (¨e), tree
bedienen (*w.*), to serve, operate
die **Bedienung,** service
beginnen (*str.*), to begin
der **Begriff** (-e), idea, conception
behalten (*str.*), to keep, retain
beheben (*str.*), to remove, overcome
behilflich, helpful, of assistance
bei, with; at the house of, at the shop of; in the case of
beide, both
beinahe, almost
beisammen, together
das **Beispiel** (-e), example
bekannt, familiar, known, well-known
die **Bekanntmachung** (-en), announcement
bekommen (*str.*), to obtain, get
Belgien, Belgium
beliebt, popular
benutzen (*w.*), to use
das **Benzin,** petrol
die **Benzinleitung** (-en), petrol pipe
die **Benzinpumpe** (-n), fuel pump
bequem, comfortable
der **Berg** (-e), mountain, hill
der **Berufsfahrer** (-), chauffeur; transport driver
berühmt, famous
beschäftigt, busy, occupied
der **Bescheid,** knowledge, information
besetzt, occupied, taken
besitzen (*str.*), to possess
besonders, especially, particularly
besser, better
am besten, best, best of all

bestehen (**aus**) (*str.*), to consist (of)
bestellen (*w.*), to order
bestimmt, certainly, definitely
die **Bestimmung** (-en), regulation
der **Besuch** (-e), visit
besuchen (*w.*), to visit
der **Besucher** (-), visitor
betrachten (*w.*), to regard, look at
betragen (*str.*), to amount to
betreten (*str.*), to walk on, enter
der **Betrieb,** bustle, activity
das **Bett** (-en), bed
bevor (*conjunction*), before
bezahlen (*w.*), to pay, pay for
die **Beziehung** (-en), respect, connection
der **Bienenstich** (-e), kind of vanilla slice (bee's sting)
das **Bier** (-e), beer
bieten (*str.*), to offer; afford
bilden (*w.*), to form
billig, cheap
billiger, cheaper
bis, until
bisher, hitherto, so far
bitte, please
bitten (*str.*), to request, ask
blättern (*w.*), to turn over pages
blau, blue
bleiben (*str.*), to remain, stay
der **Blick** (-e), glance, look, view
bloss, mere
das **Blumenbeet** (-e), flower bed
das **Blut,** blood
die **Blutprobe** (-n), blood test
der **Bonbon** (-s), sweet
borgen (*w.*), to borrow; lend
der **Brand** (¨e), fire, conflagration

braten (*str.*), to fry, roast

die **Bratkartoffel** (**-n**), fried potato

die **Bratwurst** (˝e), sausage for frying, fried sausage

braun, brown

die **Bremse** (**-n**), brake

die **Bremswirkung,** braking power

der **Brennstoff,** fuel

der **Brief** (**-e**), letter

die **Briefmarke** (**-n**), postage stamp

bringen (*w. irregular*), to bring; take

brauchen (*w.*), to need

das **Brot** (**-e**), bread; loaf; slice of bread

das **Brötchen** (**-**), roll

der **Bruder** (˝), brother

Brügge, Bruges

der **Brunnen** (**-**), fountain

Brüssel, Brussels

das **Buch** (˝er), book

die **Buchhandlung** (**-en**), bookshop

die **Büchse** (**-n**), tin

der **Buchstabe** (**-ens, -n**), letter (of alphabet)

die **Bühne** (**-n**), stage

der **Bummel** (**-**), stroll

bummeln (*w.*), to stroll

das **Bündel** (**-**), bundle

die **Bundesbahn** (**-en**), Federal railway

das **Bundeshaus,** Federal Houses of Parliament

die **Bundesregierung,** Federal government

die **Bundesrepublik,** Federal Republic

der **Bundesstaat,** Federal State

das **Büro** (**-s**), office

die **Butter,** butter

das **Café** (**-s**), café

D.S.D.—M

da, there (*adverb*); as, since (*conjunction*)

dabei, at the same time, in so doing, in the process

dagegen, on the other hand

daher, therefore

dahin, there, thither

die **Dame** (**-n**), lady

der **Dampfer** (**-**), steamer

daneben, at the side of it *or* them

der **Dank,** thanks

dank (*preposition*), thanks to

dankbar, grateful

danken (*w.*), to thank

dann, then

das, that (*pronoun*)

dass, that (*conjunction*)

dauern (*w.*), to last, take (time)

dauernd, everlastingly, constantly

davonkommen (*str. sep.*), to escape

denken (*w. irregular*), to think

denn, for (*conjunction*), then (*adverb*)

derartig, of that kind

deshalb, therefore, for that reason

deswegen, therefore, on that account

Deutsch, German (language)

deutsch, German (*adjective*)

der **Deutsche** (*adjectival noun*), the German

Deutschland, Germany

die **D-Mark** (**Deutsche Mark**), German Mark

der **D-Zug** (˝e) (**Durchgangszug**), express train (literally: corridor train)

der **Dienst** (**-e**), service

dieser, this

diesmal, this time

diesseits, on this side of

das **Ding** (-e), thing

direkt, direct

doch, nevertheless, all the same; yet; oh yes

der **Dom** (-e), cathedral

das **Doppelzimmer** (-), double room

das **Dorf** (¨er), village

das **Dörfchen** (-), little village

dort, there

draussen, outside

drei, three

dreieinhalb, three and a half

dreimal, three times

drüben, over there

der **Druck** (¨e), pressure

drücken, (w.), to press

dumm, stupid

der **Dummkopf** (¨e), fathead

dunkel, dark

durch, through

der **Durchgang** (¨e), corridor

durchsehen (str. sep.), to look through, con

dürfen (w. irregular), to be permitted, cf. may

der **Durst,** thirst

die **Düse** (-n), jet

das **Dutzend** (-e), dozen

eben, just

echt, genuine

die **Ecke** (-n), corner

egal, all the same, a matter of indifference

ehe, before (conjunction)

ehrlich, honest, honourable

das **Ei** (-er), egg

der **Eierkuchen** (-), omelette

eigentlich, actual, real

eilen (w.), to hurry, hasten

einfach, simple; single (of ticket)

einfacher, simpler

die **Einfahrt** (-en), entry (of train)

der **Eingang** (¨e), entrance

einige, some, a few

die **Einkäufe** (Plural of der **Einkauf**), purchases, shopping

einkaufen (w. sep.), to buy in

einkehren (w. sep.), to enter (inn) for a drink

die **Einladung** (-en), invitation

einlösen (w. sep.), to cash

einmal, once; **auf einmal,** all at once

einnehmen (str. sep.), to imbibe, take

einschalten (w. sep.), to switch on

einsteigen (str. sep.), to board, enter (vehicle)

einwerfen (str. sep.), to drop in

das **Einzelzimmer** (-), single room

einzig, sole, single

die **Elektrische** (adjectival noun), electric tram

elf, eleven

der **Empfang** (¨e), reception

die **Empfangsdame** (-n), receptionist

empfehlen (str.), to recommend

das **Ende** (-n), end

endlich, at last, finally

der **Engländer** (-), Englishman

englisch, English

entdecken (w.), to discover

die **Entfernung** (-en), distance

entgegenkommen (str. sep.), to come to meet, come towards

entlang, along

die **Entschädigung** (-en), compensation

der **Entschluss** (¨e), decision
entschuldigen (*w.*), to excuse, pardon
entsprechend, appropriate; corresponding
der **Erfolg** (-e), success
die **Erfrischung** (-en), refreshment
erhalten (*str.*), to receive
erkennen (*w. irregular*), to recognise
erklären (*w.*), to explain, declare
die **Erklärung** (-en), explanation
die **Ermässigung** (-en), reduced fare, reduction
erreichen (*w.*), to reach
erscheinen (*str.*), to appear
erschöpfen (*w.*), to exhaust
erst, only (*adverb*); first (*numeral adjective*)
erstklassig, first-class
erteilen (*w.*), to impart
erwarten (*w.*), to expect, await
erweitern (*w.*), to extend
erwischen (*w.*), to catch
erzählen (*w.*), to tell, relate
der **Esel** (-), ass, donkey
essen (*str.*), to eat, dine
das **Essen** (-), dinner, meal, food
etwa, approximately, perhaps
etwas, something, somewhat
Europa, Europe

die **Fabrik** (-en), factory
das **Fach** (¨er), compartment, pigeon hole
der **Fachmann** (**Fachleute**), expert
fachtechnisch, technical, expert
fahren (*str.*), to travel, go
die **Fahrbahn** (-en), road, roadway
der **Fahrdamm** (¨e), roadway

die **Fahrkarte** (-n), ticket (railway, tram, etc.)
der **Fahrplan** (¨e), time-table
der **Fahrer** (-), driver
der **Fahrschein** (-e), *cf.* **Fahrkarte**
die **Fahrt** (-en), journey, drive
der **Fall** (¨e), case
fallen (*str.*), to fall
falsch, wrong
die **Familie** (-n), family
fangen (*str.*), to catch
fast, almost
faul, lazy
fein, fine
das **Fenster** (-), window
die **Ferien** (*Plural*), holidays
der **Fernzug** (¨e), long-distance train
fertig, ready, finished
feststellen (*w. sep.*), to discover, determine
das **Feuer** (-), fire, light (for cigarette, etc.)
der **Film** (-e), film
finden (*str.*), to find
das **Fleisch,** meat, flesh
der **Fleischkloss** (¨e), meat ball, rissole
fleissig, industrious, hardworking
fliegen (*str.*), to fly
der **Flur** (-e), entrance hall
der **Fluss** (¨e), river
die **Flüssigkeit** (-en), fluid, liquid
die **Form** (-en), form, shape
die **Frage** (-n), question
fragen (*w.*), to ask
die **Frau** (-en), woman; wife
das **Fräulein** (-), young lady ('Miss' as title)
frei, free
der **Fremdenverkehr,** tourist traffic
die **Freude** (-n), joy, delight, pleasure

der **Freund** (-e), friend
die **Freundin** (-nen), lady friend
freundlich, kind, friendly
frisch, fresh
froh, glad, cheerful
fröhlich, merry
früh, early
früher, earlier, formerly
das **Frühstück** (-e), breakfast
führen (*w.*), to lead
fünf, five
fünfundfünfzig, fifty-five
fünfundsechzig, sixty-five
fünfzig, fifty
die **Funkenbildung,** sparking
für, for
furchtbar, terrible
fürchterlich, dreadful, terrible
der **Fuss** (ːe), foot
der **Fussball** (ːe), football
der **Fussgänger** (-), pedestrian

die **Gallone** (-n), gallon
der **Gang**: der (**erste, zweite, dritte, vierte**) **Gang,** (first, second, third, fourth) gear
ganz, quite; entire
gar nicht, not at all
der **Garten** (ː), garden
der **Gast** (ːe), guest
der **Gatte** (-n, -n), husband
die **Gattin** (-nen), wife
geben (*str.*), to give
das **Gebiet** (-e), province, sphere (*figurative*), territory
der **Geburtstag** (-e), birthday
das **Gedicht** (-e), poem
geeignet, suited, suitable
gefährden (*w.*), to endanger
gefallen (*str.*), to please
gegen, against; towards
die **Gegend** (-en), district
der **Gegenstand** (ːe), object
der **Gehalt** (-e), content
gehen (*str.*), to go

das **Geld** (-er), money
die **Geldstrafe** (-n), fine
gemächlich, comfortable, at ease
der **Gemahl** (-e), husband (*polite*)
die **Gemahlin** (-nen), wife (*polite*)
das **Gemüse** (-), vegetable
gemütlich, jovial, jolly, pleasant
genau, exact, accurate
genug, enough
genügen (*w.*), to be sufficient
geöffnet, open
das **Gepäck,** luggage
der **Gepäckschalter** (-), counter of left-luggage office
der **Gepäckträger** (-), porter
gepökelt, pickled
gepolstert, upholstered, padded
gerade, just, straight
geradezu, absolutely
das **Gericht** (-e), dish (of food); court (of justice)
gern, gladly
das **Geschäft** (-e), business; shop
die **Geschäftsreise** (-n), business trip
geschehen (*str.*), to happen
die **Geschichte** (-n), story
das **Geschirr,** crockery
geschlossen, closed
der **Geschmack** (*no pl.*), taste
geschmacklos, tasteless
das **Gespräch** (-e), conversation
der **Gesprächsgegenstand** (ːe), subject of conversation
gestern, yesterday
gesund, healthy
das **Getränk** (ːe), drink, beverage
gewöhnlich, usual
gewöhnt, accustomed
das **Glas** (ːer), glass

glauben (*w.*), to believe

gleich, equal; at once; presently

das **Glied** (**-er**), limb

das **Glück,** good fortune, happiness

der **Goldfisch** (**-e**), goldfish

grau, grey

die **Grenze** (**-n**), frontier

die **Grösse** (**-n**), size, greatness

grösser, bigger

die **Grossstadt** (**-̈e**), city

der **Grund** (**-̈e**), reason

das **Gulasch,** stewed beef with paprika

gültig, valid

gut, good

die **Güte,** goodness

die **Hackmaschine** (**-n**), mincing machine

der **Hafen** (**-̈**), harbour

der **Haken** (**-**), difficulty, 'snag' (*figurative*); hook (*literal*)

halb, half

halten (*str.*), to hold; keep; stop (*intransitive*)

die **Hand** (**-̈e**), hand

die **Handlung** (**-en**), action; shop

hängen (*w. intransitive* and *str. transitive*), to hang

hart, hard

hartgekocht, hard-boiled

häufig, frequent

die **Hauptsache** (**-n**), main thing

hauptsächlich, chiefly, mainly

die **Hauptstadt** (**-̈e**), capital

das **Haus** (**-̈er**), house

der **Hausherr** (**-n, -en**), master of the house

die **Hefe,** yeast, barm

heiss, hot

heissen (*str.*), to be called

herausziehen (*str. sep.*), to pull out

der **Hering** (**-e**), herring

der **Herr** (**-n, -en**), gentleman, Mr

der **Herrenfahrer** (**-**), owner-driver

herrlich, glorious, magnificent

herzlich, hearty, cordial

heute, to-day

heutzutage, nowadays

hier, here

die **Hilfe,** help

der **Hilfsmotor** (**-en**), auxiliary motor

die **Hinfahrt** (**-en**), outward journey

die **Hinsicht** (**-en**), respect, connection

das **Hinterrad** (**-̈er**), rear wheel, back wheel

hinunter, down

hinuntergehen (*str. sep.*), to go down

die **Hitze,** heat

hoch (**hoh** *when declined*), high

höchstens, at most

der **Hoek von Holland,** Hook of Holland

hoffen (*w.*), to hope

hoffentlich, it is to be hoped that, I hope

höflich, polite

holen (*w.*), to fetch

Holland, Holland

die **Holzbank** (**-̈e**), wooden seat

hören (*w.*), to hear

der **Hörer** (**-**), telephone receiver

das **Hörspiel** (**-e**), radio play

das **Hotel** (**-s**), hotel

der **Hunger,** hunger

hydraulisch, hydraulic

die **Idee** (**-n**), idea

Ihr, your

die **Imbissstube** (-n), snack-bar
immer, always
immerhin, all the same, none the less
infolge, in consequence of, as a result of
infolgedessen, consequently, in consequence
interessant, interesting
interessieren (w.), to interest
international, international
inzwischen, meanwhile
irgend ein, any
irgend etwas, something or other, anything
irgendwie, anyhow; somehow
irgendwo, somewhere

ja, yes
das **Jahr** (-e), year
jawohl, yes (*emphatic*)
die **Jazzkapelle** (-n), jazz band
jeder, each, every
jedoch, however
jemand, somebody
jener, that (*demonstrative adjective*)
jetzt, now
jung, young

der **Kaffee,** coffee
das **Kalbfleisch,** veal
das **Kännchen** (-), small jug
die **Kanne** (-n), jug
die **Karte** (-n), card, ticket
die **Kartoffel** (-n), potato
der **Kartoffelsalat,** potato salad
der **Käse** (-), cheese
die **Kasse** (-n), cash desk
der **Kater** (-), tomcat
kaufen (w.), to buy
kaum, scarcely
der **Kellner** (-), waiter
die **Kellnerin** (-nen), waitress
kennen (w. *irregular*), to know, be acquainted with

die **Kenntnis** (-nisse), knowledge
das **Kind** (-er), child
das **Kino** (-s), cinema
die **Kirche** (-n), church
die **Kirsche** (-n), cherry
klar, clear
die **Klasse** (-n), class
klassisch, classical
das **Klavierkonzert** (-e), piano concerto
das **Kleid** (-er), dress
die **Kleider** (*Plural* of **Kleid**), clothes
der **Kleiderbügel** (-), clotheshanger
der **Kleiderschrank** (¨e), wardrobe
klein, small
die **Kleinstadt** (¨e), small town
das **Klima** (-s & -te), climate
klingeln (w.), to ring
der **Knotenpunkt** (-e), junction
kochen (w.), to cook, boil
der **Koffer** (-), suit-case
der **Kohl,** cabbage (cabbages—**Kohlköpfe**)
der **Kollege** (-n, -n), colleague
Köln, Cologne
die **Kolonialwaren** (*Plural*), groceries
die **Kolonne** (-n), column
komisch, funny, comical, strange
kommen (*str.*), to come
die **Kommode** (-n), chest of drawers
kompliziert, complicated
die **Kompression** (-en), compression
die **Konferenz** (-en), conference
können (w. *irregular*), to be able
die **Kontrolle** (-n), inspection, check
das **Konzert** (-e), concert

die **Kost,** daily fare, diet
kosten (*w.*), to cost
kostenlos, free of charge
das **Kotelett (-s & -e),** cutlet
das **Kraftfahrzeug (-e),** motor vehicle
der **Krieg (-e),** war
der **Kuchen (-),** cake
der **Küchenmeister (-),** *maître de cuisine,* chef
kühl, cool
die **Kunst (ꞈe),** art
der **Kurort (-e),** spa

lachen (*w.*), to laugh
der **Laden (ꞈ),** shop
das **Land (ꞈer),** country; land
das **Länderspiel (-e),** international match
der **Landsmann (Landsleute),** fellow countryman, compatriot
lang, long
lange, a long time
die **Langeweile,** boredom, tedium
langsam, slow, slowly
die **Langspielplatte (-n),** long-playing record
längst, long since, long ago
am längsten, longest
langweilig, boring, tedious
der **Lärm,** loud noise
lassen (*str.*), to let; leave
der **Lastkraftwagen (-),** lorry
laufen (*str.*), to run
der **Lautsprecher (-),** loudspeaker
das **Leben (-),** life
die **Leber,** liver
das **Lederpolster,** leather upholstery, leather padding
legen (*w.*), to lay, put
der **Lehnstuhl (ꞈe),** arm-chair
lehren (*w.*), to teach
der **Lehrer (-),** teacher

leicht, easy, light
leichtsinnig, frivolous
leider, unfortunately
die **Leinwand** (*no pl.*), screen
die **Lektion (-en),** lesson
lernen (*w.*), to learn
lesen (*str.*), to read
die **Leute** (*Plural*), people
der **Liebling (-e),** favourite
die **Lieblingslehrerin (-nen),** favourite schoolmistress
liegen (*str.*), to lie
die **Linie (-n),** line; route
links, on the left
der **Lkw (-'s),** (*abbreviation of* der **Lastkraftwagen** (-), lorry)
locker, loose
lösen (*w.*), to book (ticket)
die **Luft (ꞈe),** air
die **Lust,** wish; willingness
Lüttich, Liège
der **Luxus,** luxury

machen (*w.*), to make; do
das **Mädchen (-),** girl
die **Mahlzeit (-en),** meal
das **Mal (-e),** time, occasion
mancher, many a
manchmal, sometimes
die **Mandel (-n),** almond
der **Mann (ꞈer),** man
die **Marke (-n),** stamp; brand
die **Marmelade,** jam
der **Marmor,** marble
das **Mass (-e),** measure
die **Mathematik,** mathematics
die **Maus (ꞈe),** mouse
mechanisch, mechanical
das **Meer (-e),** sea
das **Mehl,** flour
mehr, more
mehrere, several
meiden (*str.*), to avoid
die **Meile (-n),** mile
mein, my
meinen (*w.*), to mean; think
meistens, mostly

sich melden (*w. reflexive*), to answer (on telephone)

der **Meldezettel** (-), registration form

die **Menge** (-n), quantity, lot

der **Mensch** (-en, -en), human being

die **Meringe** (-n), meringue

die **Metallwaren** (*Plural*), metal goods, ironmongery, hardware

die **Metzgerei** (-en), butcher's shop

mich, me

die **Milch,** milk

militärisch, military

mindestens, at least (quantity)

die **Minute** (-n), minute

mit, with

mitnehmen (*str. sep.*), to take with one

der **Mittag** (-e), noon, midday

das **Mittagessen** (-), lunch

das **Mittagsschläfchen** (-), midday sleep

die **Mitte** (-n), middle

mittels, by means of

der **Mittwoch,** Wednesday

möbliert, furnished

modern, modern

mögen (*w. irregular*), to like; may

möglicherweise, possibly

der **Moment** (-e), moment

der **Monat** (-e), month

das **Moped** (-s), autocycle

der **Morgen** (-), morning

morgen, to-morrow

der **Morgenkaffee,** morning coffee, breakfast

morgens, in the morning

der **Motor** (-en), engine

das **Motorrad** (¨er), motorcycle

der **Motorroller** (-), scooter

müde, tired

muffig, stuffy

mündlich, oral, by word of mouth

die **Muschel** (-n), shellfish

die **Musik,** music

müssen (*w. irregular*), to have to, must

nach, to, after

nachdem, after (*conjunction*)

nachher, afterwards

die **Nachkriegszeit,** post-war period

nachlösen (*w. sep.*), to pay the difference (of fare)

der **Nachmittag** (-e), afternoon

die **Nachricht** (-en), news

nachschlagen (*str. sep.*), to look up in a book

nachsehen (*str. sep.*), to look up (in a list, book etc.)

nächst, next; nearest

der **Nächste** (*adjectival noun*), the next one

die **Nacht** (¨e), night

der **Nachtisch,** dessert

der **Nachttisch** (-e), bedside table

der **Nachweis** (-e), list, guide

die **Nadel** (-n), needle

die **Nähe,** vicinity, neighbourhood

der **Name** (-ns, -n), name

nämlich, namely

natürlich, of course; natural

nebenan, next door

nehmen (*str.*), to take

nein, no

nennen (*w. irregular*), to name, call

nett, nice

neun, nine

nicht, not

nichtalkoholisch, non-alcoholic

nichts, nothing

nie, never

niemand, nobody
noch, still; yet
noch mal (noch einmal),
  nochmals, once again
der **Norden,** North
  Nordrhein-Westfalen,
  North Rhine-Westphalia
nötig, necessary
die **Nudel (-n),** noodle
die **Nummer (-n),** number
nur, only
die **Nuss (¨e),** nut

ob, whether
oben, above, up above
der **Ober (-),** waiter (*abbreviation of* **Oberkellner,** head
  waiter)
obgleich, although
das **Obst,** fruit
der **Obstsalat,** fruit salad
oder, or
die **Ölsardine (-n),** sardine in
  oil
offenbar, obviously
öffnen (*w.*), to open
oft, often
öfters, frequently
ohne, without
die **Oper (-n),** opera
das **Orchester (-),** orchestra
die **Ordnung,** order, good order
der **Osten,** East
  Ostende, Ostend

das **Paar (-e),** pair, couple
ein paar, a few
die **Packung (-en),** packing,
  packet, package
der **Pantoffel (-n),** slipper
das **Papier (-e),** paper
der **Park (-s),** park
das **Parkett,** stalls (theatre, etc.)
das **Parterre,** pit, ground floor
  (theatre, etc.)
der **Pass (¨e),** passport; mountain pass
passen (*w.*), to suit

passieren (*w.*), to happen
das **Pech,** misfortune, ill luck
  (*colloquial*)
der **Personenkraftwagen (-),**
  motor-car
der **Personenzug (¨e)** slow train
  persönlich, personal
der **Pfannkuchen (-),** pancake
die **Pferdestärke (P.S.) (-n),**
  horse-power
der **Pfirsich (-e),** peach
die **Pflaume (-n),** plum
pflegen (*w.*), to be in the
  habit (*Imperfect*—I used to)
die **Pflicht (-en),** duty
das **Pfund (-e),** pound (*Plural
  form not used after numerals*)
die **Pfundnote (-n),** pound note
der **Pianist (-en, -en),** pianist
der **Pkw (-'s),** motor-car (*abbreviation of* der **Personenkraftwagen (-),** motor-
  car)
der **Plan (¨e),** plan
planmässig, according to
  schedule
plätschernd, splashing,
  plashing
die **Platte (-n),** gramophone
  record
der **Plattenspieler (-),** record
  player
der **Platz (¨e),** seat, place; room
  (*singular only*)
plaudern (*w.*), to chat,
  gossip
das **Podium (Podien),** platform,
  stage
die **Politik,** politics
die **Polizei** (*no pl.*), police
die **Polizeiwache (-n),** police
  station
polizeilich, police (*adjective*)
der **Portier (-s),** hotel porter
die **Post,** post
das **Postamt (¨er),** post office
die **Postkarte (-n),** post-card

postlagernd, poste restante

das **Postwertzeichen** (-), stamp (*official terminology*)

praktisch, practical

die **Praline** (-n), chocolate

der **Präsident** (-en, -en), president

der **Preis** (-e), price

preiswert, value for money, good value

pro, per

das **Probestück** (-e), trial sample

probieren (*w.*), to test, try, sample

das **Problem** (-e), problem

die **Promenade** (-n), promenade

der **Prospekt** (-e), prospectus, illustrated brochure

prüfen (*w.*), to test, examine

pünktlich, punctual

das **Quadrat** (-e), square

die **Qual** (-en), torture

die **Qualität** (-en), quality

die **Quittung** (-en), receipt

das **Radio**, radio, wireless

der **Rasen**, turf, lawn

das **Rasengelände**, grass, lawn (in park, etc.)

das **Rasthaus** (¨er), rest house (Autobahn restaurant)

der **Rat**, advice

das **Rathaus** (¨er), town hall

ratlos, at his wits' end

ratsam, advisable

rätselhaft, puzzling

rauchen (*w.*), to smoke

rechnen (*w.*), to reckon, calculate

recht, right

rechts, on the right

reden (*w.*), to talk

die **Regel** (-n), rule

die **Regierung** (-en), government

regnen (*w.*), to rain

reich, rich

reichen (*w.*), to hand, pass

der **Reifen** (-), tyre

die **Reihe** (-n), row; series

reinigen (*w.*), to clean

die **Reise** (-n), journey

der **Reisende** (*adjectival noun*), traveller

der **Reisescheck** (-s), traveller's cheque

das **Restaurant** (-s), restaurant

der **Rhein**, Rhine

richtig, correct, proper

die **Richtung** (-en), direction

der **Rippespeer**, ribs of pork

der **Roggen**, rye

die **Rolle** (-n), role, part

der **Rost** (-e), gridiron; **vom Rost**, from the grill, grilled

der **Rotkohl**, red cabbage

die **Rückfahrkarte** (-n), return ticket

die **Rückfahrt** (-en), return journey

die **Rücksicht**, consideration

rücksichtslos, inconsiderate, unscrupulous

ruhig, calm, quiet

ruhiger, quieter, easier in mind

der **Ruf** (-e), shout, cry

rufen (*str.*), to shout; call

die **Sache** (-n), thing, matter

der **Saft** (¨e), juice

sagen (*w.*), to say

die **Sahne**, cream

der **Salat** (-e), salad

sammeln (*w.*), to collect

sämtlich, all

der **Sand**, sand

der **Satz** (¨e), sentence; clause

die **Sauce** (-n), sauce

die **Schachtel** (-n), box

schaden (*w.*), to harm, damage

der **Schaffner** (-), guard, conductor

der **Schalter,** counter, desk
das **Schaltier** (-e), shellfish
scharf, sharp, pungent
schattig, shady
die **Schelle** (-n), bell, door-bell
schellen (*w.*), to ring
das **Schild** (-er), plate (on door, etc.)
der **Schinken** (-), ham
der **Schlafanzug** (¨e), pyjamas
schlafen (*str.*), to sleep
der **Schlafrock** (¨e), dressing-gown
die **Schlange** (-n), queue; snake
der **Schlauch** (¨e), inner tube, rubber tube
schlecht, bad
schleudern (*w.*), to skid
schliessen (*str.*), to close
schliesslich, after all, in the end
schlimm, bad
schlimmer, worse
das **Schloss** (¨er), castle
der **Schluss** (¨e), conclusion, end
der **Schlüssel** (-), key
schmecken (*w.*), to taste (*intransitive*)
schmelzen (*str.*), to melt
der **Schmutz,** dirt
schneiden (*str.*), to cut
schnell, quick, fast
die **Schokolade,** chocolate
schon, already
schön, beautiful
die **Schönheit** (-en), beauty
die **Schraube** (-n), screw
schreiben (*str.*), to write
der **Schuh** (-e), shoe
die **Schularbeit** (-en), homework (*i.e.*, work set at school to be done at home)
die **Schule** (-n), school
der **Schutz,** protection
schwach, weak

der **Schwager** (¨), brother-in-law
schwarz, black
das **Schweinefleisch,** pork
schwer, heavy; difficult
die **Schwierigkeit** (-en), difficulty
schwül, close, sultry
sechs, six
sehen (*str.*), to see
sehr, very, very much
seitdem, since (*conjunction*)
die **Seite** (-n), side, page
selber, oneself, myself, etc.
selbst, oneself, myself, etc.; even
seltsamerweise, strangely enough
selten, rare, seldom
seltener, rarer, more rarely
die **Sendung** (-en), missive, letter
das **Service** (-), tea-service, coffee-service
die **Sicherheit,** safety
sicherlich, surely
sieben, seven
sitzen (*str.*), to sit
der **Sitzplatz** (¨e), seat
die **Socke** (-n), sock
soeben, just, just now
sofort, at once, immediately
sogar, even
der **Sohn** (¨e), son
solch, such
der **Sommer** (-), summer
sondern, but
der **Sonnabend** (-e), Saturday (also **Samstag**)
sonnabends, on Saturdays
die **Sonne,** sun
sonnig, sunny
der **Sonntag** (-e), Sunday
sonntags, on Sundays
die **Sonntagsrückfahrkarte** (n), week-end ticket
sonst, otherwise

die **Sorge** (-n), care, worry
sorgen (*w.*), to take care (that)
die **Sorte** (-n), sort, kind
sowohl . . . als auch . . ., both . . . and . . .
spät, late
später, later
spazierengehen (*str. sep.*), to go for a walk
der **Spaziergang** (̈e), walk, stroll
die **Speisekarte** (-n), menu
der **Speisesaal** (-säle), dining-room
der **Speisewagen** (-), dining-car
die **Sperre** (-n), barrier
der **Sperrsitz,** rear stalls (*cinema*), orchestra stalls (*theatre*)
spielen (*w.*), to play
der **Sport,** sport
die **Sprache** (-n), language
die **Sprachkenntnisse** (*Plural*), linguistic knowledge
der **Staat** (-en), State
die **Stadt** (̈e), town
stark, strong
die **Starterklappe** (-n), choke
die **Statistik** (-en), statistics
stehen (*str.*), to stand
steigen (*str.*), to rise, climb
stellen (*w.*), to put, place
die **Stimme** (-n), voice
stimmen (*w.*), to be correct
der **Stock** (̈e), storey, floor (*abbreviation of* das **Stockwerk**)
stopfen (*w.*), to darn
die **Strafe** (-n), punishment, penalty
der **Strahl** (-en), ray, beam, jet (of liquid)
die **Strasse** (-n), street, road
die **Strassenbahn** (-en), tram-car
die **Strecke** (-n), route; distance
streng, strict

das **Streichholz** (̈er), match
das **Streusel,** crumbs of butter, sugar and flour to cover top of pastry
das **Strickzeug,** knitting
der **Strumpf** (̈e), stocking
die **Strumpfwaren** (*Plural*), hosiery
das **Stück** (-e), piece; play
der **Stuhl** (̈e), chair
das **Stündchen** (-), hour (*colloquial*)
die **Stunde** (-n), hour
stürmisch, stormy
suchen (*w.*), to seek, look for
Süddeutschland, Southern Germany
der **Süden,** south
der **Summer** (-), buzzer
die **Suppe** (-n), soup
der **Suppenwürfel** (-), soup cube
die **Symphonie** (-n), symphony

die **Tafel** (-n), tablet, cake (chocolate)
der **Tag** (-e), day
täglich, daily
tagtäglich, day after day
die **Tankstelle** (-n), petrol station
die **Tanzplatte** (-n), dance record
die **Tasse** (-n), cup
die **Tat** (-en), deed
tatsächlich, actually, in fáct
der **Tee,** tea
der **Teich** (-e), pond
der **Teil** (-e), part
das **Telefon** (-e), telephone
das **Telefonbuch** (̈er), telephone directory
telefonieren (*w.*), to telephone
die **Telefonzelle** (-n), telephone box
das **Telegramm** (-e), telegram
der **Teller** (-), plate

testen (*w.*), to test
teuer, dear, expensive
das **Theater** (-), theatre
die **Theke** (-n), counter
das **Thema** (**Themata** *or* **Themen**), subject, theme
die **Themse,** Thames
die **Tochter** (⏑), daughter
die **Torte** (-n), tart, cake
tragen (*str.*), to carry; wear
das **Treibstoffsystem** (-e), fuel system
die **Treppe** (-n), staircase, stairs
treten (*str.*), to step, tread
der **Trickfilm** (-e), cartoon (film)
trinken (*str.*), to drink
trotzdem, nevertheless
tun (*str.*), to do
die **Tür** (-en), door
die **Türklinke** (-n), latch
typisch, typical

über, over; about
überall, everywhere
der **Überdruck** (⏑e), excess pressure
die **Überfahrt** (-en), crossing
überhaupt, at all, altogether
überlegen (*w. insep.*), to consider, ponder
überqueren (*w. insep.*), to cross
übertreiben (*str. insep.*), to exaggerate
üblich, usual, customary
übrigens, incidentally, by the way
die **Uhr** (-en), clock, watch (o'clock)
die **Umrechnungstabelle** (-n), conversion table
umsonst, in vain, for nothing, free of charge,
um . . . willen, for the sake of
um . . . zu . . ., in order to

unbekannt, unknown, unfamiliar
unbestraft, unpunished
unerträglich, unbearable
der **Unfall** (⏑e), accident
ungefähr, approximately
ungewöhnlich, unusual
unhöflich, impolite
unmässig, immoderate
unruhig, uneasy
unten, down below, below (*adverb*)
unterrichtet, informed
unterscheiden (*str. insep.*), to distinguish
die **Untertasse** (-n), saucer
unterwegs, on the way
unwahrscheinlich, improbable
der **Urlaub** (-e), leave, holiday
das **Urteil** (-e), judgment

die **Verabredung** (-en), arrangement
die **Veranstaltung** (-en), organised entertainment, etc.
verbieten (*str.*), to forbid
der **Verbrauch,** consumption
verbrauchen (*w.*), to consume
der **Verbrennungsmotor** (-en), internal combustion engine
verbringen (*w. irregular*), to spend (time)
der **Vergaser** (-), carburettor
vergehen (*str.*), to pass (*intransitive,* of time)
vergessen (*str.*), to forget
das **Vergnügen** (-), pleasure
verhältnismässig, comparatively
verhängen (*w.*), to impose
die **Verkäuferin** (-nen), saleswoman, assistant
der **Verkehr,** traffic

das **Verkehrsamt** (¨er), tourist traffic bureau, visitors' advice bureau

der **Verkehrsteilnehmer** (-), person with motor transport (literally 'participant in the traffic')

verleben (w.), to experience; spend (time)

die **Verlegenheit** (-en), embarrassment, confusion

verlieren (str.), to lose

verlockend, enticing, inviting

verloren gehen (str. sep.), to get lost

vermissen (w.), to miss (long for)

die **Vermittlung** (-en), mediation, acting on behalf of

verpassen (w.), to miss

verrusst, covered in soot

verschieden, different, various

verschwenden (w.), to waste

die **Versicherung** (-en), insurance

die **Verspätung** (-en), lateness, delay

verstehen (str.), to understand

verstreuen (w.), to scatter, strew

versuchen (w.), to try

verursachen (w.), to cause

die **Verzeihung,** pardon, forgiveness

verzollen (w.), to pay duty on

viel, much

viele, many

vielfach, to a large extent, frequently

vielleicht, perhaps

das **Viertel** (-), quarter

die **Viertelstunde,** quarter of hour

vierzig, forty

das **Violinkonzert** (-e), violin concerto

die **Violine** (-n), violin

das **Volk** (¨er), people, nation

voll, full

vollkommen, complete, perfect

von, of, from

vorbeigehen (str. sep.), to pass, go past; call on

vorbeikommen (str. sep.), to come past; call on

das **Vorderrad** (¨er), front wheel

der **Vorgesetzte** (adjectival noun), superior

vorgestern, the day before yesterday

vorhaben (w. irregular sep.), to plan, intend

vorig, previous; last

vorkommen (str. sep.), occur

vorläufig, for the time being, for the present

vorliebnehmen (str. sep.), to put up (with)

der **Vorschlag** (¨e), suggestion

vorsetzen (w. sep.), to set before

die **Vorsicht,** caution

vorsichtig, cautious, careful

vorsprechen (str. sep.), to call (on, **bei**)

vorstellen (w. sep.), to introduce

die **Vorstellung** (-en), performance (theatre, cinema)

der **Vorteil** (-e), advantage

vorzeigen (w. sep.), to produce for inspection

wagen (w.), to dare

die **Wahl** (-en), choice

wählen (w.), to choose; dial (telephone)

wahr, true
währen (*w.*), to last
während, during
die **Wand** (¨e), wall
wann, when (*interrogative*)
das **Warenhaus** (¨er), general store
warten (*w.*), to wait
der **Wartesaal** (-säle), waiting-room
warum, why
was, what
das **Wasser** (¨), water
wechseln (*w.*), to change
die **Wechselstube** (-n), exchange office, bureau de change
wecken (*w.*), to waken
weg, away
der **Weg** (-e), path, road; way
wegen, because of, on account of
wehe! alas! woe betide him!
weil, because
der **Wein** (-e), wine
weiss, white
der **Weisskohl,** white cabbage
weit, far
weiter, farther
welcher, which
die **Welt** (-en), world
wenigstens, at least (argument)
wenn, if; whenever
werden (*str.*), to become
werfen (*str.*), to throw
wer, who (*interrogative*)
der **Wert** (-e), value
Westdeutschland, Western Germany
der **Westen,** west
Westeuropa, Western Europe
wetten (*w.*), to wager, bet
das **Wetter,** weather
widmen (*w.*), to devote, dedicate

wie, how, as
wieder, again
das **Wienerschnitzel** (-), veal cutlet fried in bread crumbs
wieviel, how much
der **Winter,** winter
wirklich, really
der **Wirsing(kohl),** Savoy cabbage
wissen (*w. irregular*), to know
wo, where
die **Woche** (-n), week
das **Wochenende** (-n), week-end
die **Wochenschau** (-en), newsreel (cinema)
wohl, probably; well
wohnen (*w.*), to live, dwell
die **Wohnung** (-en), flat, dwelling
das **Wohnzimmer** (-), living room, parlour
wollen (*w.*), to want, will
das **Wort** (**Worte,** spoken words, *and* **Wörter,** vocables)
das **Wörterbuch** (¨er), dictionary
das **Wunder** (-), wonder, miracle
wunderbar, wonderful
der **Wunsch** (¨e), wish
wünschen (*w.*), to wish
die **Wurst** (¨e), sausage

die **Zahl** (-en), number
zahlen (*w.*), to pay (*abbreviation of* **bezahlen**)
zehn, ten
zeigen (*w.*), to show
die **Zeit** (-en), time
die **Zeitung** (-en), newspaper
zerreissen (*str.*), to tear, tear up
zerstreuen (*w.*), to scatter
der **Zielort** (-e), destination
ziemlich, rather, fairly

die **Zigarre** (**-n**), cigar

die **Zigarette** (**-n**), cigarette

das **Zimmer** (**-**), room

der **Zoll,** customs duty; inch

der **Zollbeamte** (*adjectival noun*), customs official

zollfrei, duty free

die **Zollrevision** (**-en**), customs inspection

die **Zone** (**-n**), zone

die **Zubereitung** (**-en**), preparation (of food)

zubringen (*w. irregular sep.*), to spend (time)

der **Zucker,** sugar

die **Zuckerdose** (**-n**), sugar-basin

zuerst, first of all, at first

der **Zug** (**̈e**), train

zugeben (*str. sep.*), to admit

die **Zukunft,** future

die **Zuleitung** (**-en**), lead

zunächst, first of all, at first

die **Zündkerze** (**-n**), sparking plug

der **Zündschlüssel** (**-**), ignition key

die **Zündung** (**-en**), ignition

zurück, back (*prefix*)

zusammen, together

der **Zuschlag** (**̈e**), supplementary fare

zuweilen, sometimes

zwanzig, twenty

zwar, admittedly, it is true

der **Zweck** (**-e**), purpose

zwei, two

zweifellos, doubtless

zwischen, between

ENGLISH–GERMAN VOCABULARY

The following abbreviations are used: *n.* (noun), *v.* (verb), *w.* (weak), *str.* (strong), *irreg.* (irregular), *sep.* (separable), *insep.* (inseparable), *trans.* (transitive), *intrans.* (intransitive), *adj.* (adjective), *adv.* (adverb), *prep.* (preposition), *conj.* (conjunction).

N.B.—The genitive singular, where peculiar, and the nominative plural of all nouns are given.

The principal parts of strong and irregular verbs are given in the alphabetical list in the Grammatical Appendix.

The student should bear in mind that the German equivalents given in this vocabulary are those appropriate to the particular sense in which the corresponding English expression is used in the translation exercise and are not necessarily the only possible renderings of the English expression.

ability (to the best of my ability, so gut ich kann)
about, *prep.* von; gegen **(time);** etwa, *adv.* **(approximately)**
abroad, *adv.* ins Ausland **(to go a.),** im Ausland **(to be a.)**
accept, *v. str. sep.* annehmen
accident, *n.* der Unfall (¨e)
accurately, *adv.* genau
across, *prep.* über
activity, *n.* der Betrieb **(bustle)**
actually, *adv.* eigentlich, tatsächlich *(emphatic),* in der Tat
acquaintance (to make the a. of), kennen lernen
address, *n.* die Adresse (-n)
advantage, *n.* der Vorteil (-e)
advice, *n.* der Rat
after, *prep.* nach; *conj.* nachdem
afternoon, *n.* der Nachmittag (-e)
afterwards, *adv.* nachher
against, *prep.* gegen
ago, *adv.* vor *(dative)*
air, *n.* die Luft (¨e)
air pump, *n.* die Luftpumpe (-n)
alight, *v. str. sep.* aussteigen

all the best! alles Gute!
all gone (finished), alle
all kinds of, allerlei
be allowed, *v. w. irreg. intrans.* dürfen
along, *prep.* entlang
already, *adv.* schon
also, *adv.* auch
although, *conj.* obgleich
always, *adv.* immer
amount to, *v. str. trans.* betragen
annoying, *adj.* ärgerlich
answer, *n.* die Antwort (-en) **(to give an answer,** Antwort geben)
answer, *v.w. intrans.* antworten, *trans.* beantworten
any, *Sing.* irgend ein, *Plural,* irgend welche
anything, etwas, irgend etwas
appear, *v. str. intrans.* erscheinen
appetite, *n.* der Appetit (-e)
apple, *n.* der Apfel (¨)
apple juice, *n.* der Apfelsaft
arm-chair, *n* der Lehnstuhl (¨e)
arrangement (organised activity), *n.* die Veranstaltung (-en)

arrive, *v. str. sep.* ankommen
arrival, *n.* die Ankunft (=e)
ask (inquire), *v. w. trans.* fragen; **(request),** *v. str. trans.* bitten (um)
assistance, *n.* die Hilfe (**be of assistance,** behilflich sein)
attract, *v. str. sep.* anziehen
avoid, *v. str.* meiden

bad, *adj.* schlimm, schlecht (**quality**)
bake, *v. str.* backen
baker, *n.* der Bäcker (-)
banana, *n.* die Banane (-n)
barrier, *n.* die Sperre (-)
bath, *n.* das Bad (=er); **take a bath,** ein Bad nehmen
bathroom, *n.* das Badezimmer (-)
battery, *n.* die Batterie (-n)
beautiful, *adj.* schön
because of, *prep.* wegen
become, *v. str.* werden
bed, *n.* das Bett (-en); **to bed,** ins Bett
beer, *n.* das Bier (-e)
before, *conj.* bevor, ehe
begin, *v. trans. & intrans.* beginnen (*str.*), *intrans.* anfangen (*str. sep.*)
Belgium, *n.* Belgien
believe, *v. w.* glauben
better, *adj. & adv.* besser; **I am better off,** ich habe es besser; **all the better,** um so besser
between, *prep.* zwischen
blow up, *v. w. sep.* aufpumpen
book, *n.* das Buch (=er)
bookshop, *n.* die Buchhandlung (-en)
book, *v. w.* lösen
boring, *adj.* langweilig
both . . . and . . ., sowohl . . . als auch . . .
bring, *v. w. irreg.* bringen

brother, *n.* der Bruder (=)
brother-in-law, *n.* der Schwager (=)
bureau de change, *n.* die Wechselstube (-n)
business, *n.* das Geschäft (-e)
business trip, *n.* die Geschäftsreise (-n)
bustle, *n.* der Betrieb
busy, *adj.* beschäftigt
but, *conj.* aber; **not only . . . but also,** nicht nur . . . sondern auch . . .
butcher, *n.* der Metzger (-)
butcher's shop, *n.* die Metzgerei (-en)
buy, *v. w.* kaufen
buzzer, *n.* der Summer (-)

café, *n.* das Café (-s)
cake, *n.* der Kuchen (-); **cake of chocolate,** die Tafel Schokolade
call, *v. str. trans. & intrans.* rufen
call out, *v. str. sep.* ausrufen
calm, *adj.* ruhig
can (be able), *v. w. irreg.* können
capital, *n.* die Hauptstadt (=e)
car, *n.* das Auto (-s), der Wagen (-), der Pkw (-'s), der Personenkraftwagen (-)
carburettor, *n.* der Vergaser (-)
careful, *adj.* vorsichtig
carry, *v. str.* tragen
case, *n.* der Fall (=e)
cash, *v. w. sep.* einlösen
catch, *v. w.* erwischen
cathedral, *n.* der Dom (-e)
centre of the town, *n.* die Stadtmitte (-n)
chair, *n.* der Stuhl (=e)
change, *v. w.* wechseln
change, *n.* (**for a change,** zur Abwechslung, ausnahmsweise mal)
chat, *v. w.* plaudern

cheap, *adj.* billig
cheese, *n.* der Käse (-)
chest of drawers, *n.* die Kommode (-n)
child, *n.* das Kind (-er)
chocolate, *n.* die Schokolade; **box of chocolates,** die Schachtel (-n) Pralinen
church, *n.* die Kirche (-n)
cigar, *n.* die Zigarre (-n)
cigarette, *n.* die Zigarette
cinema, *n.* das Kino (-s); **to the cinema,** ins Kino, **at the cinema,** im Kino
class, *n.* die Klasse (-n); **second class,** die zweite Klasse; **travel second class,** zweiter Klasse fahren
climate, *n.* das Klima (-te)
cloakroom, *n.* die Gepäckaufbewahrung; **put in the cloakroom,** zur Aufbewahrung geben
close, *v. str.* schliessen
closed, *adj.* geschlossen
coat, *n.* der Mantel (∸); **take one's coat off,** *v. w. sep.* ablegen
cod, *n.* der Kabeljau
coffee, *n.* der Kaffee
coffee service, *n.* das Kaffeeservice (-)
Cologne, Köln
column, *n.* die Kolonne (-n)
come, *v. str.* kommen
concert, *n.* das Konzert (-e); **to the concert,** ins Konzert, **at the concert,** im Konzert; **symphony concert,** *n.* das Symphoniekonzert (-e)
conductor, *n.* der Schaffner (-)
consideration, *n.* die Rücksicht; **show consideration (for),** Rücksicht nehmen (auf)
consist (of), *v. str.* bestehen (aus)
continue one's journey, *v. str. sep.* weiterfahren

convenient, *adj.* bequem
conversation, *n.* das Gespräch (-e)
corner, *n.* die Ecke (-n)
cost, *v. w.* kosten
counter, *n.* (**Post Office,** etc.) der Schalter (-), (**café, inn,** etc.; die Theke (-n))
court (of justice), *n.* das Gericht (-e)
crossing, *n.* die Überfahrt (-en)
cup, *n.* die Tasse (-n)
customary, *adj.* üblich
customs inspection, *n.* die Zollrevision (-en)
cutlet. *n.* das Kotelett (-s & -e)
cylinder, *n.* der Zylinder (-)
daily, *adj. & adv.* täglich
day, *n.* der Tag (-e)
day in day out, *adv.* tagtäglich
decision, *n.* der Entschluss (∸e)
declare, *v. w.* verzollen
dessert, *n.* der Nachtisch
dial (telephone), *v. w.* wählen
difficult, *adj.* schwierig, schwer
difficulty, *n.* die Schwierigkeit (-en)
dine, *v. str.* essen
dining-car, *n.* der Speisewagen (-)
dining-room, *n.* der Speisesaal (-säle), (**house**) das Esszimmer (-)
discover, *v. w.* entdecken
dish, *n.* das Gericht (-e)
do, *v. str.* tun, *w.* machen
door, *n.* die Tür (-en)
door handle, *n.* die Türklinke (-n)
down, *adv. prefix,* hinunter
downstairs, *adv.* unten (*i.e.* **to be (*not* go) downstairs**)
dozen, *n.* das Dutzend (-e); **half a dozen,** ein halbes Dutzend
dressing-gown, *n.* der Schlafrock (∸e)
drive, *v. str.* fahren

driver, *n.* der Fahrer (-)
during, *prep.* während

early, *adj. & adv.* früh
Eastern Germany, Ostdeutschland
easy, *adj.* leicht
eat, *v. str.* essen
egg, *n.* das Ei (-er)
eight, acht
eighth, *numeral adj.* der achte
eleventh, *numeral adj.* der elfte
else, *adv.* sonst
elsewhere, *adv.* anderswo
embarrassment, *n.* die Verlegenheit
engine, *n.* der Motor (-en); **internal combustion engine,** *n.* der Verbrennungsmotor (-en)
Englishman, *n.* der Engländer (-); **English people,** die Engländer
enough, *adv.* genug
entrance, *n.* der Eingang (⁼e)
entrance hall, *n.* der Flur (-e)
especially, *adv.* besonders
even, *adv.* sogar
evening, *n.* der Abend (-e)
evening meal, *n.* das Abendessen (-)
every, jeder
everything, alles
every time, jedes Mal (wenn)
everywhere, *adv.* überall
examine, *v. w. insep.* untersuchen
example, *n.* das Beispiel (-e)
exception, *n.* die Ausnahme (-n); **with the exception of,** *prep.* ausser
expect, *v. w.,* erwarten
expensive, *adj.* teuer
experience, *n.* die Erfahrung (-en)
expert, *n.* der Fachmann (Fachleute)
explain, *v. w.* erklären

explanation, *n.* die Erklärung (-en)

family, *n.* die Familie
famous (for), *adj.* berühmt (wegen)
far, *adj. & adv.* weit
favourite (*in compound nouns:* Lieblings-)
a few, ein paar
fill up, *v. w. sep.* ausfüllen
film, *n.* der Film (-e)
finally, *adv.* endlich, schliesslich
find, *v. str.* finden
fine, *n.* die Geldstrafe (-n)
first, *adj.* der erste
first, *adv.* zuerst, zunächst; **first of all,** zuerst, zunächst
five, fünf
flat, *n.* die Wohnung (-en)
floor (storey), *n.* der Stock (⁼e)
fond (be fond of, gern haben)
food, *n.* das Essen
foot, *n.* der Fuss (⁼e); **on foot,** zu Fuss
for, *conj.* denn, *prep.* für; **for once,** ausnahmsweise mal
forbidden, *adj.* verboten
foreigner, *n.* der Ausländer (-)
forget, *v. str.* vergessen
forward, *adv.* nach vorne
four, vier
fountain, *n.* der Brunnen (-)
frequently, *adv.* häufig, öfters
friend, *n.* der Freund (-e); **female friend,** die Freundin (-nen)
frivolous, *adj.* leichtsinnig
from, *prep.* von
in front of, *prep.* vor
frontier, *n.* die Grenze (-n)
fruit, *n.* das Obst
fruiterer's, *n.* der Obstladen (⁼)
fuel, *n.* das Benzin; **fuel pump,** *n.* die Benzinpumpe (-n); **fuel system,** *n.* das Treibstoffsystem (-e)

full, *adj* voll
furnished, *adj.* möbliert
future, *n.* die Zukunft

gallon, *n.* die Gallone (-n)
gear, *n.* der Gang
general (in general, im allgemeinen)
gentleman, *n.* der Herr (-n, -en)
German (language), Deutsch
get in, *v. str. sep.* einsteigen
get up, *v. str. sep.* aufstehen
give, *v. str.* geben
glad, *adj.* froh; **I am glad to do,**
  etc., Ich tue gern
glass, *n.* das Glas (⸚er)
go, *v. str.* gehen; **go for a walk,**
  v. str. sep. spazieren gehen (Ich
  gehe spazieren); **go out,** *v. str.
  sep.,* ausgehen, hinausgehen
good, *adj.* gut; **good morning,**
  guten Morgen; **good evening,**
  guten Abend; **good value,**
  preiswert, *adj.*
government, *n.* die Regierung
  (-en)
grass, *n.* das Gras, der Rasen
greatly, *adv.* sehr
grocer's, die Kolonialwarenhandlung (-en)
guard, *n.* der Schaffner (-)

haddock, *n.* der Schellfisch (-e)
half, *adj.* halb; **half a pound,**
  ein halbes Pfund
ham, *n.* der Schinken
hand, *v. w.* reichen
happen, *v. str.* geschehen, passieren *w.*
have, *v. w. irreg.* haben
hear, *v. w.* hören
help, *n.* die Hilfe
here, *adv.* hier
herring salad, *n.* der Heringsalat
home, *adv.* nach Hause; **at
  home,** *adv.* zu Hause

hope (it is to be hoped, hoffentlich)
hot, *adj.* heiss
hotel, *n.* das Hotel (-s)
hour, *n.* die Stunde (-n); **for an
  hour,** eine Stunde lang
house, *n.* das Haus (⸚er)
how, *adv.* wie
however, jedoch
how much, wieviel
hundred, hundert
hungry (I am hungry, ich
  habe Hunger)
hurry (there is no hurry, es
  eilt nicht; **I am in a hurry,**
  ich habe es eilig)
husband, *n.* der Mann (⸚er), der
  Gatte (-n, -n)

if, *conj.* wenn
ignition, *n.* die Zündung (-en);
  ignition key, *n.* der Zündschlüssel (-)
immediately, *adv.* sofort, so-
  gleich
**importance (I attach import-
  ance to,** ich lege Wert auf)
impose, *v. w.* verhängen
incidentally, nebenbei bemerkt
information, *n.* die Auskunft;
  supply information, Auskunft erteilen, *w.*
informed, *adj.* unterrichtet
insert (coins), *v. str. sep.* einwerfen
instead of, *prep.* statt, anstatt
insurance, *n.* die Versicherung
  (-en)
interesting, *adj.* interessant
invitation, *n.* die Einladung
  (-en)

jet of water, *n.* der Wasser-
  strahl (-en)
journey, *n.* die Reise (-n)
jug, *n.* die Kanne (-n), das
  Kännchen (-); **coffee jug,**

das Kaffeekännchen, die Kaffeekanne; **milk jug,** das Milchkännchen
junction, *n.* der Knotenpunkt (-e)

key, *n.* der Schlüssel (-)
kind, *n.* die Sorte (-n), die Art (-en); **kind,** *adj.* freundlich
know, *v.* (**facts**) wissen *w. irreg.*; (**be acquainted with**) kennen *w. irreg.*; **let know,** Bescheid sagen, *w.*

lady, *n.* die Dame (-n)
large, *adj.* gross
last, *v. w.* dauern
last, *adj.* letzt, vorig; **at last,** *adv.* endlich
late, spät; (**later,** später); **be late (train),** Verspätung haben
laugh, *v. w.* lachen
lead, *n.* die Zuleitung (-en)
least (at least, wenigstens — **argument,** mindestens — **quantity)**
leave, *v. intrans. str. sep.* abfahren
left (to the left, on the left, links)
letter, *n.* der Brief (-e)
life, *n.* das Leben (-)
lift, *n.* der Aufzug (¨e)
lift (receiver), *v. str. sep.* abnehmen
like (I should like, ich möchte)
listen to, (radio), *v. w.* hören
little, *adj.* klein
live (dwell), *v. w.* wohnen
liver, *n.* die Leber
liver sausage, *n.* die Leberwurst (¨e)
long, *adv.* (**a long time**), lange; **long ago,** lange her
look, *v. intrans. str. sep.* aussehen
look for, *v. w.* suchen
look into, einen Blick werfen (*str.*) in

look up, *v. trans. str. sep.* nachschlagen, nachsehen
look through, *v. trans. str. sep.* durchsehen
loose, *adj.* locker
lorry, *n.* der Lkw (-'s), Lastkraftwagen (-)
lorry driver, *n.* der Lkw-Fahrer (-)
lose, *v. str.* verlieren
lover, *n.* der Liebhaber (-)
luggage, *n.* das Gepäck
lunch, *n.* das Mittagessen (-)
lunch, *v.* zu Mittag essen

main meal, *n.* die Hauptmahlzeit (-en)
main thing, *n.* die Hauptsache (-n)
man, *n.* der Mann (¨er)
manage, *v. irreg. w. sep.* fertigbringen
many, *adj.* viele
many a, *adj.* mancher (*declined like* dieser)
marble cake, *n.* der Marmorkuchen
me, *pronoun accusative,* mich
mean, *v. w.* meinen
means (by that means, dadurch); **by means of,** *prep.* mittels
meat, *n.* das Fleisch
meat course, *n.* das Fleischgericht (-e)
menu, *n.* die Speisekarte (-n)
merrily, *adv.* fröhlich
middle, *n.* die Mitte
mirror, *n.* der Spiegel (-)
miss, *v. w.* verpassen
mixed, *adj.* gemischt
moment, *n.* der Augenblick (-e), der Moment (-e)
money, *n.* das Geld (-er)
month, *n.* der Monat (-e)
more, *adv.* mehr
morning, *n.* der Morgen (-)
most (Plural), die meisten

much, *adv.* viel
music, *n.* die Musik; **dance music,** die Tanzmusik

name, *n.* der Name (-ens, -n)
near (to), *adv.* in der Nähe (von)
need, *v. w.* brauchen
neighbourhood, *n.* die Nähe
never, *adv.* nie, niemals
next (next door, nebenan; **next time,** das nächste Mal; **next week,** nächste Woche; **next year,** nächstes Jahr)
news, *n.* die Nachricht (-en)
news-cinema, das Aktualitätenkino (-s)
newspaper, *n.* die Zeitung (-en)
newsreel, *n.* die Wochenschau (-en)
nicely, *adv.* nett
night, *n.* die Nacht (¨e)
no, nein *(interjection)*, kein *(adj.,* **not any)**
nobody, *pronoun,* niemand
not, nicht; **not at all,** gar nicht
nothing, nichts; **for nothing,** umsonst
now, *adv.* jetzt, nun; **now and again,** dann und wann, hin und wieder
number (in a series), *n.* die Nummer (-n); **ordinal, cardinal, etc.,** *n.* die Zahl (-en)

occupied, *adj.* besetzt
of, *prep.* von
of course, *adv.* natürlich
offended (don't be offended, nehmen Sie es nicht übel!)
offer, *v. str. sep.* anbieten, *(figurative,* **afford)** bieten, *str.*
office, *n.* das Büro (-s)
official, *n.* der Beamte *(adjectival noun)*
often, *adv.* oft
only, *adv.* nur
only, *adj.* einzig

open, *adj.* geöffnet
open, *v. trans. w.* öffnen, *v. intrans. str. sep.* aufgehen
operate, *v. w.* bedienen
opposite, *prep.* gegenüber
one thing, eins
or, *conj.* oder
orange, *n.* die Apfelsine (-n)
orchestra, *n.* das Orchester (-)
order, *v. w.* bestellen; **in order to,** um .. zu
order (orderliness), *n.* die Ordnung
otherwise, *adv.* sonst
Ostend, Ostende
out of, *prep.* aus
outskirts (on the outskirts, ausserhalb)
over, *prep.* über; *adv.* **(finished)** vorbei, zu Ende
own, *adj.* eigen

pair, *n.* das Paar (-e)
park, *n.* der Park (-s)
pardon (I beg your pardon ?) wie bitte?; **I beg your pardon!** Verzeihung!)
parlour, *n.* das Wohnzimmer (-)
passport, *n.* der Pass (¨e)
passport inspection, *n.* die Passkontrolle
part: on the part of, *prep.* seitens
pay, *v. w.* bezahlen; **pay the difference,** *v. w. sep.* nachlösen
pedestrian, *n.* der Fussgänger (-)
penalty, *n.* die Strafe (-n)
people, *n.* *(Plural)*, die Leute
per, pro
performance, *n.* die Vorstellung (-en)
perhaps, vielleicht
personally, persönlich
petrol consumption, *n.* der Benzinverbrauch

petrol station, *n.* die Tankstelle (-n)
picture postcard, *n.* die Ansichtskarte (-n)
piece, *n.* das Stück (-e)
pity (**a pity,** schade)
place, *n.* der Ort (-e)
plan of the town, *n.* der
Stadtplan (=e)
plan (**to do something**), *v. w.*
irreg. sep. vorhaben
platform, *n.* der Bahnsteig (-e)
play, *n* das Drama (Dramen),
das Stück (-e)
pleasant (**a pleasant journey!**
gute Reise!)
please, bitte
please, *v. str.* gefallen (*Dative*)
police, *n.* die Polizei (*no plural*)
polite, höflich
pond, *n.* der Teich (-e)
poor, arm
pork, *n.* das Schweinefleisch
porter, *n.* der Gepäckträger (-)
(**station**), der Portier (-s)
(**hotel**)
postcard, *n.* die Postkarte (-n)
post office, *n.* das Postamt (=er)
poste restante, postlagernd
(postlagernde Sendungen
(Briefe))
potato, *n.* die Kartoffel (-n);
fried potato, die Bratkartoffel (-n); **potato salad,** der
Kartoffelsalat
pound, *n.* das Pfund (*Plural not
used as a measure of weight or
stating a sum of money*)
power: horse power, *n.* Pferdestärke (-n) *abb.* P.S.
prefer (**I prefer,** ich habe
lieber)
press, *v. w.* drücken
private house, *n.* das Privat-
haus (=er)
privately, privat
probably, wahrscheinlich

produce (**play,** etc.), *v. w. sep.*
aufführen
properly, *adv.* richtig
protection (**from**), *n.* der
Schutz (vor)
proud, stolz
pump up, *v. w. sep.* aufpumpen
punctual, pünktlich
purchases, *n.* die Einkäufe
(*Plural*)
put, *v. w.* legen (**lay**), stellen
(**stand**) *v. w.*; **put on,** *v. str.*
sep. anziehen (**clothes**), aufsetzen (**pans**) *v. w. sep.*
puzzling, rätselhaft

quality, *n.* die Qualität (-en)
quarter, *n.* das Viertel (-);
quarter of a pound, das
Viertelpfund
question, *n.* die Frage (-n); **it
is out of the question,** es
kommt nicht in Frage
queue, *n.* die Schlange (-n);
stand in a queue, Schlange
stehen, *str.*
quickly, schnell
quite, ganz

radio, *n.* das Radio; **on the
radio,** im Radio
rain, *v. w.* regnen; **rain heavily,**
stark regnen
rate (**at any rate,** auf jeden
Fall)
rather, *adv.* ziemlich, etwas
read, *v. str.* lesen
ready, *adj.* fertig, bereit
really, *adv.* wirklich
reason, *n.* der Grund (=e); **for
this reason,** aus diesem
Grund, deshalb
receive, *v. str.* erhalten
receiver, *n.* der Hörer (-) (**telephone**)
receptionist, *n.* die Empfangsdame (-n)

reckon, *v. w.* rechnen
recognise, *v. w. irreg.* erkennen
recommend, *v. str.* empfehlen
record, *n.* die Schallplatte (-n), die Platte (-n); **long-playing record,** die Langspielplatte (-n); **record-player,** *n.* der Plattenspieler (-)
registration form, *n.* der Meldezettel (-)
reply (telephone) — he replies, er meldet sich
reputation, *n.* der Ruf (-e)
respect (connection), *n.* die Hinsicht (-en), die Beziehung (-en)
restaurant, *n.* das Restaurant (-s)
result: as a result of, *prep.* infolge
Rhine, der Rhein
rich, *adj.* reich
right (he is right, er hat recht; **to (on) the right,** rechts *adv.*)
ring, *v. w.* klingeln; *v. w.* schellen **(door-bell)**
ring up, *v. str. sep.* anrufen **(telephone)**
roll, *n.* das Brötchen (-)
room, *n.* das Zimmer; **single room,** *n.* das Einzelzimmer (-)
rough, *adj.* stürmisch
round, *prep.* um
row, *n.* die Reihe (-n)
rule, *n.* die Regel (-n); **as a rule,** in der Regel
run, *v. str..* laufen

sake: for the sake of, *prep.* um . . . willen
salad, *n.* der Salat (-e)
same (all the same, egal)
sandwich, *n.* das Butterbrot (-e)
sardine, *n.* die Ölsardine (-n)
saucer, *n.* die Untertasse (-n)
say *v. w.* sagen

school, *n.* die Schule (-n); **go to school,** zur Schule gehen
sea, *n.* die See (-n), das Meer (-e)
seat, *n.* der Platz (⸚e), der Sitzplatz (⸚e); **take a seat,** Platz nehmen; **wooden seat,** *n.* die Holzbank (⸚e)
second, *numeral adj.* der zweite
see, *v. str.* sehen
seek, *v. w.* suchen
serve (with), *v. w.* bedienen (mit)
several, mehrere, einige
shady, *adj.* schattig
shoe, *n.* der Schuh (-e)
shop, *n.* der Laden (⸚), das Geschäft (-e), die Handlung (-en)
shopping, *n.* das Einkaufen; **go shopping,** Einkäufe machen
shortly, *adv.* gleich
show, *v. w.* zeigen; **be showing (film),** *v. str.* laufen
side: on this side of, *prep.* diesseits; **on that side of,** *prep.* jenseits
similar (to), *adj.* ähnlich (wie)
since, *prep.* seit
since, *conj.* **(time),** seitdem
sit, *v. str.* sitzen
sixty, sechzig
sleep, *v. str.* schlafen
sliced meats, *n.* der Aufschnitt
slowly, *adv.* langsam
smoke, *v. w.* rauchen
snack-bar, *n.* die Imbissstube (-n)
some (or other), irgend welcher (*declined*)
something, etwas
sometimes, *adv.* manchmal
somewhat, etwas
somewhere, *adv.* irgendwo
soon, *adv.* bald
soot: (covered in soot), verrusst

sorry (I am sorry, es tut mir leid)

soup, *n.* die Suppe (-n)

Southern Germany, Süddeutschland

spa, *n.* der Kurort (-e)

sparking, *n.* die Funkenbildung; **sparking plug,** *n.* die Zündkerze (-n)

speak, *v. str.* sprechen

spend (time), *v. w. irreg.* verbringen, zubringen, *sep.*

sphere (*fig.*), das Gebiet (-e); **in the sphere of,** auf dem Gebiet(e) (+ *genitive*)

in spite of, *prep.* trotz

splashing, *adj.* plätschernd

stage, *n.* die Bühne (-n)

stairs, *n.* die Treppe (-n)

stamp, *n.* die Briefmarke (-n), die Marke (-n)

stand, *v. str.* stehen

start (*intrans.*), *v. str. sep.* anspringen

start up (*trans.*), *v. str. sep.* anlassen

starter, *n.* der Anlasser (-)

State, *n.* der Staat (-en)

station, *n.* der Bahnhof (ᵘe); **Central Station,** der Hauptbahnhof

stay, *n.* der Aufenthalt (-e)

stay, *v. str.* bleiben

steamer, *n.* der Dampfer (-)

stocking, *n.* der Strumpf (ᵘe); **Nylon stocking,** der Nylonstrumpf

stop, *v. intrans. str.* halten

store (Department store), *n.* das Warenhaus (ᵘer)

strict, *adj.,* **strictly,** *adv.* streng

subject, *n.* das Thema (Themen & Themata)

such, *adj.* solch

sugar, *n.* der Zucker; **sugar-basin,** *n.* die Zuckerdose (-n)

suggestion, *n.* der Vorschlag (ᵘe); **at his suggestion,** auf seinen Vorschlag

suit, *n.* der Anzug (ᵘe)

suitcase, *n.* der Koffer (-)

suit, *v. w.* passen (*Dative*)

summer, *n.* der Sommer (-); **in summer,** im Sommer; **summer holidays,** die Sommerferien (*Plural*)

sun, *n.* die Sonne

Sunday, der Sonntag (-e); **on Sundays,** sonntags

supper, *n.* das Abendessen (-), das Abendbrot (-e)

supplementary (supplementary fare, *n.* der Zuschlag; **supplementary ticket,** der Zuschlagschein (-e); **fast train supplementary ticket,** der Schnellzugzuschlagschein)

switch on, *v. w. sep.* einschalten

table, *n.* der Tisch (-e); **bedside table,** *n.* der Nachttisch (-e); **conversion table,** *n.* die Umrechnungstabelle (-n)

take (lead, conduct), *v. w.* führen

take (food), *v. str. sep.* einnehmen

take off (clothes), *v. str. sep.* ausziehen

take with one, *v. str. sep.* mitnehmen

take (time), brauchen, *v. w.*; dauern (**last**), *v. w.*

talk, *v. w.* reden

tasteless, *adj.* geschmacklos

telegram, *n.* das Telegramm (-e); **hand in a telegram,** ein Telegramm aufgeben (*v. str. sep.*)

telephone, *n.* das Telefon (-e); **telephone box,** *n.* die Telefonzelle (-n)

tell, *v. w.* sagen, *v. w.* erzählen (**relate**)

tenth, *numeral adj.* der zehnte

test, *v. w.* prüfen

than, als

thank you, danke schön, danke sehr; **thanks to,** *prep.* dank

that, *pronoun,* das; *demonstrative adj.* jener; *conj.* dass

theatre, *n.* das Theater (-); **to the theatre,** ins Theater

then (**time**), dann

there, *adv.* da, dort; (**motion**) dahin, dorthin

there is, es gibt

think (**of**), *v. w. irreg.* denken (an)

third, *numeral adj.* der dritte

thirsty (**I am thirsty,** ich habe Durst)

thirtieth, *numeral adj.* der dreissigste

this, *demonstrative adj.* dieser

three, drei; **three and a half,** dreieinhalb

through, *prep.* durch

ticket, *n.* die Karte (-n), die Fahrkarte (-n), der Fahrschein (-e)

time, *n.* die Zeit (-en), das Mal (-e) (**occasion**); **at the present time,** zur Zeit, augenblicklich; **what time,** wieviel Uhr; **at what time,** um wieviel Uhr; **for the first time,** zum ersten Male; **for the time being,** *adv. and adj.* vorläufig

tired, *adj.* müde

to, *prep.* nach (**a place**)

to-day, *adv.* heute

together, *adv.* zusammen

to-morrow, *adv.* morgen

too, *adv.* auch, zu (**too much**)

towards, *prep.* entgegen

town, *n.* die Stadt (¨e); **to town,** in die Stadt; **small town,** die Kleinstadt (¨e)

train, *n.* der Zug (¨e); **by train,** mit dem Zug; **slow train,** der Personenzug (¨e); **express train,** der Schnellzug (¨e), der D-Zug (¨e)

tram, die Elektrische (*adjectival noun*), die Strassenbahn (-en)

travel, *v. w.* reisen, *v. str.* fahren

traveller, *n.* der Reisende (*adjectival noun*); **traveller's cheque,** *n.* der Reisescheck (-s)

tree, *n.* der Baum (¨e)

try, *v.w.* probieren (**sample**)

turn (**it's my turn,** ich bin an der Reihe, ich komme an die Reihe)

twelfth, *numeral adj.* der zwölfte

twenty-first, *numeral adj.* der einundzwanzigste

twice, *adv.* zweimal

tyre, *n.* der Reifen (-)

unbearably, *adv.* unerträglich

under, *prep.* unter

understand, *v. str.* verstehen

unfortunately, *adv.* leider

unlucky (**he is unlucky,** er hat Pech)

until, *prep.* bis; *conj.* bis

unusual, *adj.* ungewöhnlich

upstairs, *adv.* oben (*i.e.* **to be** (*not* **go**) **upstairs**)

used (**to**), *adj.* gewöhnt (an)

usually, *adv.* gewöhnlich

valve, *n.* das Ventil (-e)

veal, *n.* das Kalbfleisch

vegetable, *n.* das Gemüse (-)

very, *adv.* sehr

via, *prep.* über

vicinity, *n.* die Nähe

view, *n.* der Blick (-e), die Aussicht (-en); **in view of,** *prep.* angesichts

visit, *n.* der Besuch (-e)

visit, *v. w.* besuchen

visitor, *n.* der Besucher (-);
visitors' advice bureau, das
Verkehrsamt (⸚er)

wait (for), *v. w.* warten (auf)
waiter, *n.* der Kellner (-), der
Ober (-)
waiting-room, *n.* der Wartesaal
(-säle)
wall, *n.* die Wand (⸚e)
want, *v. w. irreg.* wollen
war, *n.* der Krieg (-e)
wardrobe, *n.* der Kleiderschrank (⸚e)
waste, *v. w.* verschwenden
water, *n.* das Wasser (⸚)
weather, *n.* das Wetter (in, bei)
Wednesday, *n.* der Mittwoch
(-e)
week, *n.* die Woche (-n)
weekend, *n.* das Wochenende
(-n)
well! (*interjection*), nun!
Western   Germany, Westdeutschland
what, was

wheel: back wheel, *n.* das
Hinterrad (⸚er)
when, *adv.* wann; *conj.* wenn, als
where, *adv.* wo, wohin (**motion**)
whole, *adj.* ganz
why, *adv.* warum; **that's why,**
deshalb, deswegen
wife, *n.* die Frau (-en), die Gattin (-nen)
window, *n.* das Fenster (-)
winter, *n.* der Winter (-); **in
winter,** im Winter
wit: at one's wits' end, *adj.*
ratlos
with, *prep.* mit
without, *prep.* ohne
word, *n.* das Wort (-e) (**spoken
words**), (⸚er) (**vocables**)
work, *n.* die Arbeit (-en)
work, *v. w.* arbeiten
write, *v. str.* schreiben

year, *n.* das Jahr (-e)
yesterday, *adv.* gestern
yet (**not yet,** noch nicht)